U0877258

国网能源研究院有限公司出品

GLOBAL ENERGY GOVERNANCE

全球能源治理

理论、趋势与中国路径

THEORY, TREND AND CHINA'S PATH

鲁　刚　毛吉康　著

社会科学文献出版社
SOCIAL SCIENCES ACADEMIC PRESS (CHINA)

序　迈向新时代的全球能源治理

全球治理的核心目标是通过建立原则、规则、规范、制度等实现对国际事务和行为体行动的有效管控。全球治理既关乎国际体系稳定，又影响各行为主体的权力和利益。作为全球治理的重要方面，能源治理对国际关系有重要影响。晚近以来，能源已超越了传统的地缘政治范畴，逐渐成为全球治理的关键领域。在全球化时代，以“化石能源为主、涵盖所有国家与地区”的全球能源市场基本形成。然而在这一市场中，全球主要化石能源的生产与消费错配较为严重，与之相关的能源安全、价格竞争、负外部性等诸多问题又不断涌现，加之能源是涉及国家安全、主权、战略资源的核心领域，因而能源问题呈现出“公共化”和“复杂化”的特质。为此，各国政府以及能源治理的其他参与主体逐渐抛弃了“零和博弈”的固有思维，尝试通过国际合作来治理能源生产、运输和消费过程中涉及的技术、规则等方面的复杂问题。

当前，全球能源治理已经进入了新时代。无论是全球能源治理的主体，还是治理对象，无论是全球能源治理的特点与内涵，还是治理工具，无论是全球能源治理面临的主要外部挑战，还是治理模式机制，都发生了前所未有的变化。国际体系的“东升西降”、能源结构革命和技术快速变迁、全球能源生产国和消费国实力消长、能源金融化进一步席卷全球等因素的变化都推动着全球能源治理的发展。承蒙国网能源研究院同行邀请，我有幸参与《全球能源治理：理论、趋势与中国路径》书稿的相关研讨，获益良多，思潮澎湃。中国共产党第十九次全国代表大会胜利召开，宣告中国致力于推动建设人类命运共同体，为全球治理贡献中国智慧和力量。《全球能源治理：理论、趋势与中国路径》一书的理论、研究方法、案例分析、政策分析等方面无一不紧密顺应新时代核心特征，具有较强的创新性和亮点。为此我结合本书，从以下几个方面论述个人对全球治理新时代的观点。

在新的全球能源治理时代，全球能源治理的宏观背景发生了明显的变化。首先，全球能源市场进入了低油价时代。国际能源价格震荡有世界经济低迷、供需失衡、地缘经济博弈、政治角逐等多重诱因，原油价格低迷反映了世界经济的减速，但根源却在于国际能源的结构性演变。其次，清洁能源发展迅猛，低碳技术突飞猛进，全球能源低碳变革主要体现在全球新能源对石油的替代正在加速进行。再次，能源的“政治外溢性”愈发明显。能源问题事关经济社会发展全局，也是国际政治经济博弈的焦点。“页岩气革命”和美国“能源独立”将改写国际能源地缘政治格局，严重改变中东的能源局势，同样这也将使得具有高度能源依赖型经济特征的俄罗斯受到影响。最后，新时期最重要的改变莫过于能源供需结构的变化。换句话说，世界能源结构变化是大趋势所致，全球能源格局正在悄然改变。全球能源结构出现了明显的调整，全球的能源供需结构将继续出现深刻变化、，发达国家的能源需求已出现结构性减少趋势，新兴经济体的能源需求大增。

能源是重要的战略资源，影响各国经济、国家发展乃至国家兴衰。现代民族国家开发利用能源的动力来自市场需求和国际竞争。就国际关系而言，发现、占有并充分利用新能源及其衍生技术成为一国在国际体系转型过程中获得利益的关键。从历史来看，古代的强大帝国都能对资源予以充分利用，例如古埃及对尼罗河水的利用，蒙古帝国对马匹的利用等。近代以来，资本主义生产方式大大提高了人类对能源的需求。如远洋船只不断改进对风能的利用方式，使西方殖民主义势力遍布全球。但最终打破欧洲国际关系平衡的是英国对煤炭的利用以及为采掘煤矿而发明的蒸汽机。巧合的是，英国恰恰是欧洲煤炭资源最丰富的国家之一，也是欧洲最早统一的扩张性君主立宪制国家，这就满足了对能源占有、利用和控制的一系列条件，进而造就了“日不落帝国”的神话。美国 19 世纪末在北美大陆发现了石油，并率先将煤油用于照明，随着产油量增加还大量出口石油。虽然德国人发明了内燃机，但美国人却将其广、泛应用于各种运输工具，尤其是汽车。与之相反，苏联僵化的计划经济体制导致能源应用效率低下，能源应用技术发展停滞，最终使俄罗斯演变为能源出口依赖国，其全球影响力也随之下降。

当前不断震荡的能源价格使得全球能源格局出现结构性变化，低碳和清洁能源成为全球能源未来发展大趋势，在这种趋势下，能源的地缘政治、供需结构和产业技术都在发生大调整。这些变化不仅会对当前全球能源走势产生直接作用，而且也会对今后全球能源体系产生巨大影响，对全球地缘经济和地缘政治产生多重影响。由于治理效率和机制复杂性之间存在矛盾，当前的全球能源治理体系存在着以下矛盾：一是能源治理的多元扩散趋势与缺乏统一的能源治理组织之间的矛盾；二是现有能源机制自身的能力和目标之间的矛盾；三是全球能源治理和美国相对收益逻辑下的大国利益诉求之间的矛盾；四是现有国际能源规则中的治理结构和权力分配不合理同发展中大国在全球能源领域的地位和责任上升之间的矛盾，因此国际能源治理中出现“东升西降”趋势。

由于这些矛盾的存在，当前全球能源治理面临着一系列挑战。第一，能源供给安全、运输安全等领域内的传统风险并未消失，能源投资安全风险却日渐增加。第二，由不完全竞争、外部性、公共物品属性以及信息不对称所导致的能源市场失灵的问题愈发突出。第三，以化石能源为主的能源结构加剧温室气体排放问题，然而现有的能源治理机制仍无法应对气候变化问题。第四，能源治理机制本身存在诸多缺陷，诸机制呈现出“碎片化”和“交叠化”的态势，能源治理效果不彰。为了应对这些挑战，在新时期，各种国际组织和机制将在能源治理中发挥更具建设性的作用。一方面，以国际能源署、《国际能源宪章》、国际能源论坛、国际可再生能源机构和石油输出国组织为代表的专业性能源治理机制侧重于提供技术性治理。另一方面，以七国集瞟团、二十国集团以及金砖集团为代表的一般性能源治理机制则侧重于提供方向性引导。虽然每一项治理机制都存有缺陷，其治理行动亟待整合，但这些机制仍为全球能源治理源源不断地提供了新动能。

中国是当前全球能源治理进程的重要贡献者和参与者。一方面，中国参与了多项能源治理机制，与能源治理各主体开展了丰富的合作，发挥了日益重要的作用。但另一方面，中国参与全球能源治理还停留在对话、交流以及政策协调的初步阶段。中国在未来国际体系中的地位取决于中国在下一代能源治理体系中的主导地位，争取在全球清洁能源治理中取得主导权是中国在国际能源体系中崛起的必经之路。为此，中国在外交层面需要构建“三位一体”的能源治理体系，在内政层面需要继续推进改革，加速融入全球能源治理体系。未来，中国需要更为积极地参与全球能源治理。首先，虽然当前美国的立场转向保守，但中国仍可以联合欧盟在能源治理中发挥更为积极的作用。其次，力争通过《国际能源宪章》、国际能源署以及二十国集团等主要治理机制，运用国际制度的力量推动全球能源治理。

再次，保证能源资源供应，发展能源技术。然后，积极参与全球资源投资，进行全球布局。最后，中国需要高调融入并争取引导全球能源治理，加强能源安全领域的公共外交。

于宏源
上海国际问题研究院比较政治和
公共政策所所长、博导、研究员
2017 年 12 月

引言　对全球能源治理格局的认识

各国能源战略利益是国家间关系变迁、地缘政治格局调整、权力重新分配的重要支点。能源安全作为非传统安全问题牵一发而动全身，会引发传统安全、气候变化等多层次的全球安全问题，与全球政治、安全和经济治理密切相关，成为全球治理的核心领域。国家领导人高度重视全球能源治理，习近平主席在近年G20会议及联合国的讲话中，均倡议构建绿色、低碳的全球能源治理格局。国家“十三五”规划明确提出，积极参与国际能源治理及规则制定，推动构建公正合理的全球能源治理机制。但总体上我国在全球能源治理中的影响力与我国能源消费大国地位不符，在主要国际能源组织中的决策权不足，在能源价格、通道走向、投资贸易规则等关键领域缺乏国际话语权。随着我国全球战略理念的转变，我国正由被动接受全球能源治理规则的追随者逐步转变为主动参与治理和塑造规则的影响者。这一重大变化反映了我国政府对世界正处于大发展、大变革、大调整时期，全球治理体系和国际秩序变革加速推进，各国间相互联系和依存程度日益加深，国际力量对比更趋平衡的总体判断，源自对自身实力、理念和道路的自信。在这一大背景下，研判全球能源治理发展趋势，分析提升我国全球能源治理影响力的战略举措具有十分重要的现实意义。

研究全球能源治理首先需要考虑时间尺度的问题，对于能源转型研究可以到 2050 年，甚至百年后，而对于政治研究时间尺度应该在近期，因此全球能源治理需要近期治理与远期能源发展相衔接。本书研究全球能源治理问题立足于能源转型长期趋势，着眼于研究 20 年左右的时间尺度内的国际格局。其次，对于博弈层次的认识，既有中期的地区或全球层面的能源安全博弈，也有长期的能源战略选择，甚至是化石能源文明与非化石能源文明两种力量的对垒，包括一国如何看待第三次能源转型，向何方转，何时转，以引领者、跟随者还是搭便车的身份参与等。最后，由于能源种类众多，基于能源发展趋势、全球能源市场发展程度等，本书着重考虑油、气、可再生能源及二次能源电力。

一　全球能源治理格局理论认识框架

现有理论成果多是从国际关系角度、按照较为成熟的全球治理分析范式去认识绿色低碳全球能源治理格局，没有充分考虑到能源特性变化对全球能源治理的决定性影响，尚未形成一套成熟的理论框架，去解释全球能源转型大背景下全球能源治理格局的发展规律。本书认为全球能源治理格局本质上是一种秩序，由相互作用、三位一体的能源秩序、区域秩序、全球秩序共同组成。世界能源格局是能源物理层面的秩序，发挥着基础性、决定性影响。能源地缘政治关系集中反映了区域秩序，当然也是国际秩序在具体地区的作用结果，其版图变化发展决定着全球能源治理体系的格局和稳定性。相关国际制度是全球层面的秩序，将在能源物理秩序调整中发挥促进和制约双重作用。因而，构建绿色低碳全球能源治理格局，要求对以化石能源为主导的能源开发利用方式和全球能源治理体系进行同步调整、变革。

在这一理论认识框架指导下，我们可以更清晰地认识绿色低碳全球能源治理格局的重塑路径，即通过各国建立实施绿色低碳能源战略，发展全球性的绿色低碳能源治理组织，同步大力发展可再生能源，促进世界范围内能源互联互通，以逐步改变化石能源主体地位、全球能源贸易格局，弱化能源政治属性等特殊性质、增强能源普通商品化，进而调整能源地缘政治关系、丰富国际机制类能源安全公共产品，促进实现国际社会集体行动，从而形成强化各国绿色低碳能源战略的良性循环，最终实现能源秩序、区域秩序、全球秩序的绿色低碳化。

二　世界能源格局演变趋势对治理发展方向的影响

绿色低碳能源治理格局首先体现为绿色低碳能源秩序，

包括中国能源革命在内的世界范围内的能源转型正在加速推动这一进程。能源治理的特殊性根源于能源所具有的稀缺性、耗竭性、外部性、非排他性、金融属性、网络性、技术与资本密集性、规模经济性等属性。能源科技变革将促使这些属性显著调整，世界能源格局亦将随之变化。总体而言，能源秩序调整最根本的在于主体能源的变化，其次是全球范围内能源中心、互联互通能力和市场格局的变化。当今的全球能源治理格局建立在以化石能源为主体的世界能源格局之上。

每一次标志性的技术革命都意味着从能源格局到治理格局的根本性变化。当今，从页岩气技术突破、风光成本大幅降低、电气化交通快速发展到液化天然气、电网等运输技术进步，都在推动着这一变化。世界范围内能源转型出现的如下新变化，也必将带来治理新气象。

一是能源绿色、低碳转型。可再生能源快速发展将改变对能源耗竭和稀缺的认识，能源的可持续性将从根本上改变能源的政治属性，促进能源普通商品化，推动能源融入全球经济治理。功能上，全球能源治理将由针对化石能源向针对清洁能源转变。

二是主体能源进一步多元化。石油在相当长时期内仍将是一次能源消费的主体能源，但其地位将逐步下降，天然气的重要性将持续提升。可再生能源利用快速发展，其分布相对更为分散，分散带来地理分布集中性的减弱，各国能源自给能力普遍增强，基于石油主体地位的传统博弈格局将会出现调整。

三是能源市场格局调整。美国页岩气革命使得美洲崛起为新的能源供应中心，以中印为代表的亚太国家成为新的能源消费中心，全球能源贸易流向开始调整，生产中心西移，消费中心东倾，将改变原有的“世界能源供应心脏地带、内需求型地带和外需求地带”结构，能源地缘政治关系将随之调整。全球能源治理将随着油、气、煤、电“1 +3 +3 +2”市场格局向“1 +1 +3 + N”市场格局变化演进。全球石油市场维持高度一体化，欧洲、美洲、亚太三个天然气区域市场开始融合，对全球层面治理需求增强。煤炭由于供需分布耦合度高，跨国贸易少，对治理没有迫切需求。跨境电力贸易由主要集中在欧洲、北美，要进一步发展形成更多大区市场，地区性治理机制变得更为重要。

四是互联互通大布局全面铺开。互联互通是全球组织新范式，油气管道、电网等的互联互通将重塑能源未来，推动世界更适应当今多极化和多元文明秩序。随着能源互联互通范围、密度、承载能力等的持续扩大，能源特殊性将进一步弱化，将有效推动能源治理成为全球经济治理中的一般性内容，地缘政治较量也将从资源之争转向互联互通之争。

五是能源负外部性问题日益突出。能源具有的气候变化与大气污染等负外部性相对正外部性日益变大，全球层面能源治理相对地区性合作日益重要，要求全球性合作。这也推动着全球各国均将发展可再生能源作为主要能源战略，并高度重视气候问题等。发达国家和发展中国家围绕碳排放空间的争夺将日趋激烈，碳关税和低碳贸易壁垒成为地缘政治博弈新手段。

三　能源发展战略与能源地缘政治关系

全球能源治理格局低碳绿色转型，必然发端于各国能源发展战略转型，并体现在世界大部分区域能源地缘政治关系的变化上。虽然这种转型与变化在不同国家、不同地区均已有不同程度地出现，但要意识到这仍不是区域秩序的主流。为了推动促进这一转型格局的早日形成，需要正确认识当今各国能源战略意图、以化石能源为主体的能源地缘政治关系发展态势，及与其相互作用的国际权力结构的关键影响，结合各国能源关切、区域能源冲突症结、国际权力分配需要，研究破解转型障碍的发展路径。

当今国际权力格局正朝着多极化方向发展，可以说已呈现“一超多极”的特征。在这种国际权力格局下，美国仍将在全球能源治理中具有主导性权力，但权力将不断向多元化方向流散。全球能源治理需要新兴经济体国家的支撑，新兴经济体国家对全球能源治理的话语权与影响力也提出更高诉求。全球能源治理将更为民主化，世界主要国家均享有一定程度的能源治理话语权，表现为全球能源治理权结构的重构以及不同国际能源治理组织、规则等竞争与合作的复杂状态。

为达到获得竞争治理主导权、确保能源安全、提升国际地位、满足国家发展需要等目的，世界主要国家能源战略总体呈现如下特点：一是各国能源外交政策总体稳定。俄罗斯重在利用能源来改善其在全球关系中的地位。欧盟、日本、印度重在实现可持续、多元化的能源供给。中东石油输出国重在凭借石油获得较大国际政治权力。美国把能源作为其领导全球的工具，尤其随着页岩气技术突破带来能源独立后，更进一步推动提升天然气在全球能源结构中的地位，增强东亚、欧盟对其天然气的依赖。二是均重视多边能源合作话语权，竞争治理主导权。美国强调 IEA 在全球能源治理中的核心地位，俄罗斯着力推动“天然气欧佩克”，欧盟通过能源宪章来改善、约束与主要能源供应国、过境国、消费国的关系。三是围绕何种能源主导世界能源格局的能源博弈日渐明显。以美国、俄罗斯、沙特等为代表的传统化石能源资源丰富的国家积极维持化石能源在世界能源格局中的主导权，而欧盟、中国则大力推动可再生能源在世界能源格局中的主导权。四是均重视可再生能源发展，由单纯针对能源的斗争扩展为涉及气候变化等的多层次博弈。

世界主要地区的能源地缘政治博弈在权力结构、互动关系等方面表现出不同的特征，均处于不稳定的变动时期，各地区均具有较大能源地缘政治风险，客观上均需要建立解决区域内能源问题的治理制度。对于中东地区，美国在此区域的能源战略利益下降，中东石油输出国开始寻求新兴能源市场，俄罗斯视该地区为“能源伙伴”，力量投入持续增强，中、印等新兴市场国家也逐步增强对中东的地缘政治影响。对于亚太地区，消费国间既有对区内有争议油气资源、区外稳定能源供应市场的激烈争夺，也有技术、资金、运输通道等互补性的合作潜力，或将成为全球能源市场新的权力中心，但由于政治意识、历史问题以及美国的分化干扰，难以形成超国家互利协作机制。非洲作为能源出口地区的地位仍无法与中东、中亚等地区相比，其能源地缘政治并没有出现明显的主导者，表现为各大国尤其是新兴市场国家间的市场竞争。美洲尚未成为世界能源地缘冲突的焦点，但其中拉美地区存在较大的能源地缘政治冲突隐患，主要是中俄等国在该地区地缘政治影响力的增强，势必将冲击美国等传统大国在该地区的政治安全利益。

总体而言，世界范围内能源地缘政治格局交织着国际权力格局博弈和化石能源与可再生能源利益博弈，各地区能源地缘政治格局的结构、关系、力量对比、对抗与合作均处于变动之中，向绿色低碳全球能源治理格局转型需要重视如下方面：一是双轨协调。塑造基于可再生能源的一国能源战略或一地区地缘政治关系，必须与当今化石能源体系下的地缘政治格局调整速度相协调。近期来看，确保油气资源的能源安全、争取全球能源治理话语权仍是各国首要目标。二是兼顾全球绿色同盟与区域层面制度的建立。如欧盟、中国等绿色低碳转型目标明确的国家或地区很少，很多国家处于摇摆状态，因此要重点推进中欧合作、亚太能源需求国绿色能源合作，以引领世界；同时，要重视区域层面相关制度建设，这也符合历史经验，毕竟化石能源体系下大量国家正是借助区域层面能源治理制度，才突破了发达国家对治理话语权的垄断。三是以技术合作为先导推进转型。可再生能源时代，对能源资源本身争夺控制权的地缘政治博弈减少，国际能源领域的话语权将主要来自对可再生能源开发、储存及运输技术的掌握，技术而非能源资源本身将成为能源地缘政治博弈的焦点。

四　全球能源治理国际制度

全球能源治理国际制度对形成世界范围内绿色低碳转型共识、提供关键国际公共产品、达成集体行动至关重要。当今全球能源治理制度体系较为复杂，多层次、多方面的对立与合作并存，但又缺少具有全球性和综合性的全球能源治理机构，不仅难以满足化石能源治理的制度需求，更无法适应可再生能源发展需求。尤其随着气候变化问题日益严重，建立绿色低碳的全球秩序尤显迫切。全球能源治理国际制度的形成有其路径依赖性，研究分析其形成规律、存在问题、发展趋势、关键影响因素，对重塑全球秩序具有重要指导价值。

全球能源治理国际制度呈现出分散性与“碎片化”特征，并在进一步加深。目前主要形成了以少数利益同质性较高的国家为主体的国际能源组织及地区性的国际能源机制，缺乏真正意义上全球层面的机构。全球能源治理从传统化石能源体系下供需双方力量不对称、西方发达国家与发展国家力量不对称，向能源互联互通快速发展下参与主体大幅增加、权力分散、加强集体行动转变。发展中国家、新兴能源消费大国成为推动世界能源格局重心转移的主要力量，在国际议程设置、国际能源问题处理等方面的话语权逐步增强。主权国家起着主导作用，跨国能源企业成为一国能源战略的重要实施者，非政府组织作用也逐步增强，尤其在涉及环境保护、气候变化等全球议题时作用日益凸显。

引导推动全球能源治理体系发展，要顺应国际政治经济格局发展形势。在当今全球化再平衡的新格局之下，经济全球化的步伐已远超治理体系全球化进程，出现了全球外部性问题愈加突出、全球公共物品需求急剧增加、区域经贸合作加强、全球的各种网络化组织和非政府的各类国际机制兴起等趋势。中期来看，全球能源治理结构仍将是地区化和全球化并存的多层次治理结构，且地区化治理结构仍将发挥主要作用。这是由基本稳定的能源格局决定的，且国际能源安全作为公共产品具有“搭便车”问题，有关组织与机制建立初始成本很高，这都增加了全球性集体行动的困难，因此只能依托地区合作组织实现能源合作。

远期看，全球能源治理将由弱全球化向温和全球化演进，其程度受以下因素影响：一是进一步“碎片化”带来较低程度的彼此协作，可能导致各分散的治理组织难以适应全球性能源挑战，难以发挥原有区域性作用，因而反之推动形成更高层面治理机制。二是非传统能源安全问题严重到各国为了更好地维护共同利益会将一些边缘性主权让渡给国际能源机制。三是各类因素推动能源回归普通商品行列，能源治理进一步融入全球经济治理一般框架下。

总体而言，治理制度的变革模式是缓慢的、温和的，而非剧烈的、能在总体上推翻现存国际能源制度的变革模式。而当前的“互赖多极世界”（interpolar world）也有利于推动国家间形成稳定合作，为温和变革提供了土壤。此外，近年发达国家逆全球化现象不断涌现，加大了发达国家在全球能源治理中的责任赤字，为发展中国家，尤其是新兴经济大国提升在全球能源治理中的地位提供了机遇。全球能源治理格局的优化调整甚至变革，也期待来自东方的智慧和中国方案。

面对世界局势深刻变化、非传统安全问题需各国共同应对的巨大挑战，中国提出打造人类命运共同体的主张，致力于推动构建以合作共赢为核心的新型国际关系。党的十九大指出中国秉持共商共建共享的全球治理观，倡导国际关系民主化，积极参与全球治理体系改革和建设，不断贡献中国智慧和力量。

全球能源治理体系处于深刻变革之中，以中国理念和实践引领新格局的大幕已徐徐拉开。当今世界能源格局、大国能源战略、相关地区地缘政治态势、国际能源制度等，会对中国参与全球能源治理的战略思想、实施路径、着力点产生影响，甚至形成约束。中国提升能源治理话语权、走入舞台中央的前进过程必然要顺应大趋势，而引领代表未来的绿色低碳全球能源治理格局，更需要人类命运共同体的大战略、大气魄。

著　者

2017 年 12 月 12 日

目 录

第一章　全球能源治理实践与理论认识

第一节　全球能源治理发展的历史进程

纵观历史，每一次生产力的飞跃、科技的进步莫不与能源变革息息相关。正如著名未来学家杰里米·里夫金所说：“每一个伟大的经济时代都是以新型能源机制的引入为标志。”尤其是近代工业革命以来，能源成为工业化的动力源泉，也是国家综合国力的重要影响因素。一国对全球能源的开发利用能力、能源产业结构的完善与否、能源自给自足能力及能源外交水平对其在国际政治中的地位具有重要影响。化石能源的稀缺性及人类对能源的刚性需求使能源安全问题成为国家内政外交的重要考量因素。不同历史时期，以能源安全为核心的国家能源政策具有不同的历史特征，随着经济全球化及国际能源相互依赖程度的加深，能源安全问题逐步显现出全球性特征，全球能源治理获得不断发展。

在漫长的人类能源史中薪柴长期是主体能源，薪柴能源时期不存在能源安全问题。18 世纪，英国纺织机、蒸汽机的发明，标志着第一次工业革命爆发，煤炭伴随着蒸汽机的发明被普遍使用。拥有丰富煤炭资源的英国等欧洲国家成为工业革命先锋力量。欧洲列强凭借其在工业革命基础上形成的庞大军事力量，在全世界范围内进行殖民侵略，主导着世界各地区的能源资源的开发利用。由于工业化发展迅速的国家往往也是煤炭资源较为丰富的国家，因此，这一时期能源安全问题并非突出问题。

19 世纪 70 年代以来，电动机、发电机的发明引领世界由“蒸汽时代”跨入“电气时代”，这次大变革被称为第二次工业革命。石油工业也在这一时期迅速崛起，石油逐步取代煤炭确立其世界能源的主体地位。国际能源格局一方面表现为生产出口石油的殖民地和落后国家成为被控制、被掠夺的对象。欧美国家被称为“七姐妹”[①] 的大型跨国石油公司通过实行纵向一体化战略，控制着从上游到下游的所有石油活动，凭借资本、技术和管理优势形成迫使石油资源东道国政府让步的权力，统治着国际能源市场，垄断国际石油价格。到 20 世纪 50 年代欧美石油公司完全控制了中东石油供应及欧洲、亚洲、拉丁美洲和北美的市场，原油产量占全世界的 90% 左右。到 70 年代，“七姐

---

① 包括纽约标准石油公司（后为美孚石油公司）、新泽西标准石油公司（后为埃克森美孚石油公司）、加利福尼亚标准石油公司、英波石油公司、荷兰皇家壳牌集团、德士古石油公司以及海湾石油公司。

妹”的石油产量仍占到世界石油产量的3/4，石油产品销售超过世界石油产品销售的一半。[①]

另一方面，在掠夺世界各地石油资源、控制国际石油市场的同时，围绕着能源安全问题的能源地缘政治博弈凸显。随着武器广泛使用石油供能，石油的军事战略价值日益凸显，19 世纪以来的许多战争与石油供应安全问题密切相关。能源安全问题或是左右战局走向的重要因素，或是成为战争爆发的直接诱因。在一战期间协约国与同盟国对领土的争夺中，也突出了对产油区的争夺，以控制石油供应。二战期间，战争双方更是采取措施摧毁对方的石油生产能力和运输通道，力图通过切断对方石油供应以拖垮对方。第二次中东战争也是典型的与石油密切相关的战争，英国联合以色列入侵埃及的主要原因便是埃及将苏伊士运河收归国有，威胁到英国的石油运输“生命线”。此外，还有美国为强化在中东地区的军事存在及对石油资源的控制而与伊拉克展开海湾战争。

在石油资源开发、争夺甚至战争形势下，国家间围绕石油安全问题进行的能源政策协调，推动着国际能源治理制度的发展。早在一战时期，英、法、美、意等协约国政府与石油公司便建立了石油会议制度。该石油会议具有掌控和协调所有协约国石油供应和油船活动的广泛权力，除保障协约国石油供应之外，还通过美国石油学会制定各国

① 张建新：《从“七姐妹”到“新七姐妹”：国际能源体系的权力转移》，《国际观察》2013 年第 6 期。

共同的石油产品标准，及实施能源供应的应急措施。[①] 这种国际能源合作仅是战争时期的一种权宜之计，并没能形成长期的制度化安排。之后很长一段历史时期内，多边国际能源合作的制度并没能建立起来。

随着20世纪70年代两次石油危机的爆发，国际油价完全由西方发达国家和“石油七姐妹”决定的时代结束，西方国家垄断世界石油市场的局面被打破。国际能源秩序的发达能源消费国主导的“单中心”格局逐渐被发达的能源消费国和发展中的能源生产国相互对立的“双中心”格局所取代。[②] 1960年，为协调产油国的石油政策及维护产油国的石油权益，科威特、伊拉克、伊朗等产油国成立了石油输出国组织（OPEC），以达成共同行动反对西方国家对产油国的剥削和掠夺。通过将西方大型跨国石油公司控制的本国的石油资源收归国有，利用限产、禁运、提价等手段在70年代制造石油危机，对西方发达经济体给予沉重打击，也打破了西方国家对国际石油市场的绝对控制。为了有效制衡OPEC禁运和提价等造成的政治经济后果，1975年经济合作与发展组织（OECD）成员国成立了国际能源署（IEA）。IEA通过评估及协调各成员国的能源政策，协调应急响应机制和战略石油储备的使用等，在OECD国家有效应对石油供应危机中发挥了重要作用。随着石油生产国和发

---

① 戚凯：《美国的能源安全研究及启示》，北京时代文华书局，2017，第14页。

② 许勤华：《G20峰会为全球能源治理提供中国机会》，《能源思考》2016年8月刊。

达的石油消费国各自加强联合，国际组织在维护对己有利的能源游戏规则中的作用更加突出，全球能源治理得以初步发展，并以 OPEC 和 IEA 作为治理主体的二元博弈为主要特征。

20 世纪 90 年代开始，经济全球化促使能源领域各国相互依赖程度加深，国际能源市场的参与者日益多元。能源安全问题越来越具有全球性，任何一个国家都难以仅凭一己之力实现能源安全。尽管美国等发达国家仍时而凭借强大的军事实力以霸权政治甚至战争的方式获取能源利益，但国际能源合作仍成为国家解决能源安全问题的必然选择，全球能源治理进入全面发展时期，治理格局从“双中心”向“多中心”发展。首先，国际能源生产与消费出现“多中心”。除中东地区、俄罗斯外，美洲等地区成为重要的能源生产中心，亚太地区逐步成为 OECD 国家之外的能源消费中心。俄罗斯、委内瑞拉等能源生产国日益增强其在国际能源领域的话语权，中国、印度等发展中国家逐步成为世界能源消费中心，亦寻求在国际能源治理中发挥更大作用。西方发达国家在国际能源治理中的权力逐步分散化，如石油定价机制出现多元化趋势。除对国际油价起着决定性作用的纽约和伦敦石油交易所外，伊朗、俄罗斯等石油交易所也纷纷成立，尤其是 2008 年国际金融危机之后，美元所主导的国际石油金融体系面临重大挑战。

其次，能源安全的内涵和外延不断扩大。其一，针对天然气的国际治理功能有增强之势。近年欧洲“断气”、中亚管线之争、“亚洲溢价”等问题持续推动各国对天然气安全的重视程度不断升级。早在1931年就成立了“国际天然气联盟”[①]，在21世纪初就已经出现“天然气外交”看法。尤其是在1998年欧盟《能源宪章条约》正式生效后，天然气进口国在天然气市场和天然气贸易中得到更大程度的保护。天然气出口国俄罗斯和伊朗为改变不利地位，推动形成天然气输出国论坛。天然气输出国论坛由世界上天然气储量最丰富的12个国家组成，这12个国家控制了全球60%的天然气储量、70%的天然气开采量和60%的天然气国际贸易量。该组织目前对天然气市场还没有实质性的影响，但俄罗斯等国在大力推动其发展成为“天然气欧佩克”，这也受到美国等国家的高度关注和阻击。由于国际天然气市场总体上呈现区块化特征，因此天然气还难以达到石油的地位，“天然气欧佩克”还缺少形成的土壤。但随着欧亚大陆天然气管网的逐步密布以及海运LNG的不断增多，全球统一的天然气市场正在形成，全球性博弈将进一步强化。

其二，全球核秩序属于传统安全治理范畴，一般不作为全球能源治理的对象。这里考虑到核电也是重要能源品种，略做说明。目前，全球已形成以《核不扩散条约》为核心的法律规范、以国际原子能机构（IAEA）为基本组织机构的机制，遵循国家间平等的普遍性原则、各国均有权发展民用核

---

① 冯明章：《“国际天然气联盟”简介》，《大庆社会科学》1985年第2期。

能的原则、核武器的不扩散原则、核不扩散的自愿原则、核不扩散的监督保障原则、在不扩散问题上违约的惩罚原则。IAEA 作为核领域世界性的权威组织，以多边方式解决核争端。《及早通报核事故公约》《核事故或辐射紧急情况援助公约》两公约建立了在核或放射性紧急事态下便于信息交流和及时提供帮助的国际应对体系[①]。此外，出于政治、军事、防止核扩散以及商业化等目的的核供应国集团、国际核能合作框架等相继成立。

其三，随着与能源有关的气候和环境问题日益凸显，国家能源安全由集中关注能源供应安全扩大到同时关注能源利用的环境外部性影响等方面，全球能源治理的功能领域也随之不断扩大。在此背景下，联合国成立政府间谈判委员会，达成《联合国气候变化框架公约》（UNFCCC）以专门应对气候变化问题。IEA 将功能延伸到提高能效和清洁能源领域，以应对使用化石能源所导致的气候变化问题等。为了在全球范围内积极推动可再生能源广泛普及和向可持续利用的快速转变，世界主要国家在德国成立可再生能源治理的国际组织——国际可再生能源署（IRENA）。

最后，国际能源治理制度出现自身变革及多元化、分散化的发展趋势。一是增强发展中国家的代表性。如能源宪章正从区域能源组织向全球能源组织转型，体现在地缘上从以欧洲为主逐步走向全球，对亚洲、非洲和拉美等新

---

① 张文瑞：《国际原子能组织核紧急事件应对体系的建立与运行——围绕“应急公约”展开分析》，《研究生法学》2011 年第 5 期。

兴、非传统区域开放。[①] 二是增进能源生产国与消费国间的对话。如IEA由最初制衡石油输出国组织，到逐步加强与其磋商，以期稳定国际原油市场。三是许多非专门能源治理国际组织也将功能拓宽到能源治理领域，如联合国下属的联合国开发计划署等20多个专门机构都开始涉及能源问题。亚太经合组织（APEC）成立了“能源工作组”，提出了“能源安全倡议”。世界银行推出了“清洁能源开发投资框架”，增加了在能源领域的活动。[②]

随着我国能源消费的大幅增加，石油对外依赖程度保持较高水平，为确保能源的安全供给、稳定国际能源市场及防控能源对外投资风险等，我国在全球能源治理体系中的利益诉求不断增多。“十三五”规划中明确指出，要积极参与国际能源治理及规则制定，推动构建公正合理的全球能源治理机制，提升我国在国际能源领域的话语权。尤其是2016年9月，中国作为主席国在《G20杭州峰会公报》中明确提出全球能源治理的中国方案，推动在G20框架下构建绿色低碳的全球能源治理格局。当前，西方发达国家普遍认为，国际能源治理需要中国发挥主要作用，中国参与全球能源治理的意愿也不断增强，未来势必将成为全球能源治理的主导国之一。

---

① 程春华：《能源宪章转型与全球能源治理：历程、原因及影响》，《社会科学》2015年第11期。

② 罗英杰：《全球能源治理机制建设仍呈“碎片化”》，《世界知识》2013年第16期。

第二节　全球治理与全球能源治理

一　全球治理理论的形成与发展

（一）全球治理理论的提出

20 世纪 90 年代以来，“治理”一词在西方学术界得到广泛应用，尤其在经济学、政治学以及管理学等领域。一种观点认为治理是统治的一种变形。例如，治理专家罗茨认为治理是统治的一种新过程，在新环境下利用新方法来统治社会[①]。另一种观点则认为治理与统治是两个不同的概念。例如，美国学者詹姆斯·罗西瑙在其著作《没有政府的治理：世界政治中的秩序与变革》以及《21 世纪的治理》中指出治理区别于统治，其不依托政府或者国家的强制力量，通过采取一系列管理活动以实现目标[②]。格里·斯托克对治理主体予以明确，指出其是一个由政府部门与各种社会公共机构构成的自主自治的网络[③]。库伊曼和范·弗利埃特指出，治理不能由外部强加发挥效果，需要依靠多方行为体互动以创造结构与秩序[④]。为此，可以认为，治理是对国家及市场手段的补充，其实质是一种公共管理过程，

① 范明生：《柏拉图哲学述评》，上海人民出版社，1984。

② 苏长和：《全球公共问题与国际合作：一种制度的分析》，上海人民出版社，2000。

③ Gerry Stoker, “Governance an Theory. Five Propositions”, *International Social Science*, 1998, 50 (155).

④ 美国驻华大使馆新闻文化处：《美国历史文献选集》，1985。

其价值目标在于维持秩序，满足公众需求，扩大公共利益，在一定范围内发挥公共权威的作用。

在推进全球化与多极化的过程中，人们面临的“全球性问题”加剧，各国对自身利益最大化的追求，往往导致全球性问题难以解决。伴随民主、平等、公正、自由等价值理念逐渐成为全球共识，各国开始应用治理框架来解决国际现实问题，标志着治理向全球治理方向的转变。“全球治理”作为经济全球化与世界多极化的产物应运而生，成为一种处理当代国际事务的新途径。1992 年，全球治理委员会成立，它是一个独立性的国际组织。1995 年该委员会发布《天涯成比邻》报告，指出全球治理发挥作用的主体为个人或公共的或私人的机构，它们通过利用拥有的权力及形成的协议，实现对利益冲突进行调和的目的[①]。这一定义体现出全球治理的四个特点，即治理为一个过程，以调和为基础，由公、私部门共同参与，通过持续相互作用达到治理目的。

（二）全球治理理论综述

此后，全球治理实践及有关研究不断深入。根据全球治理发挥作用的主体、机理不同，何亚非在《选择：中国与全球治理》一书中将全球治理理论认识大体分为现实主

① 卡尔松：《天涯成比邻——全球治理委员会的报告》，中国对外翻译出版公司，1995。

义、新马克思主义、新自由主义、建构主义四个学派[①]。按照这种划分，综述如下。

1. 现实主义学派

现实主义学派认为在全球治理中发挥决定性作用的是国家权力，国家是全球治理的主要行为体，国际组织只是国家用于权力斗争的一种手段或工具。以芬克尔斯为代表，他指出治理即“在国际上做政府在国内做的事”[②]，以地缘政治为基础对国际事务进行处理。因此，基于现实主义的国际关系理论，国家重视相对收益的获取[③]，“集体安全”作为“均势”可以促进全球治理网络的稳定，但却难以实现“合作安全”[④]。在全球治理过程中达成国际合作是困难的，并且形成的国际合作关系是脆弱的，特别是在较为敏感的军事安全与战略安全领域。但这种观点无法合理解释国际组织呈现出的自主性与独立性，且低估了国际机制发挥的作用。

2. 新马克思主义学派

新马克思主义学派认为全球治理以资本主义的结构和规则为基础，它可以被视作西方自由理想主义和西方中心主义在全球化背景下的新形式，其最终目标在于构建西方模式下的世界秩序[⑤]。作为世界超级大国，美国参与全球治

① 何亚非：《选择：中国与全球治理》，中国人民大学出版社，2015。

② 邵沙平、余敏友：《国际法问题专论》，武汉大学出版社，2002。

③ Grieco J. M.，“Anarchy and the Limits of Cooperation：A Realist Critique of the Newest Liberal Institutionalism”，*International Organization*，1988，42（3）.

④ Waltz N，Kenneth，*Theory of International Politics*，Reading，Mass，Addison-Wesley Pub. Co.，1979.

⑤ 倪世雄：《当代西方国际关系理论》，复旦大学出版社，2001。

理的意图在于巩固自身在全球的主导地位，建立美国统治下的国际秩序，从而继续扩大自身利益。[①] 乔治·布什在冷战结束之初主张“建立世界新秩序”，其实质即以推进民主化和自由化为名建立美国主导的世界秩序。[②] 尽管各个时期美国参与的全球治理呈现出不同的特点，但其本质没有发生变化，都是以维护和扩大自身利益为目的，旨在构建美国模式下的世界秩序。

3. 新自由主义学派

新自由主义学派强调制度在全球治理中的作用，认为全球治理遵循一定的组织规则与制度规则，从而形成全球范围的、多层次的、民主参与的治理局面，突出机制对治理的推动作用。美国学者詹姆斯·罗西瑙认为全球治理可以被看作一个规则系统，由国家、政府间组织以及拥有一定权力的其他集团组织等构成[③]。安东尼·麦克格鲁认为，全球治理不仅意味着国家机构、政府间合作等正式组织制定和维持管理世界秩序的规则和规范，而且意味着跨国公司、跨国社会运动到众多的非政府组织等对跨国规则和权威体系产生影响。[④] 英国伦敦政治经济学院教授戴维·赫尔

---

① 杨娜：《新多边主义与西方发达世界视角下的全球治理》，《南京大学学报》（哲学·人文科学·社会科学）2012 年第 4 期。

② 杨娜、吴志成：《欧盟与美国的全球治理战略比较》，《欧洲研究》2016 年第 6 期。

③ 詹姆斯·罗西瑙：《没有政府的治理：世界政治中的秩序与变革》，江西人民出版社，2001。

④ 戴维·赫尔德等：《全球大变革：全球化时代的政治、经济与文化》，社会科学文献出版社，2001。

德在《治理全球化——权力、权威与全球治理》和《民主与全球秩序——从现代国家到世界治理》中强调全球治理必须全球化、多层次地开展，将正义和民主作为全球治理的规范基础。[①] 塞纳克伦斯认为全球治理是大国之间协议与惯例的产物，强调制度在全球治理中发挥着重要作用，尤其是大国在制度制定中占据主导地位。中国学者俞可平强调借助国际规制对全球治理的约束作用解决各种全球性问题，以维持正常国际政治经济秩序。[②] 综上，治理可以看作是由多数协议组成的一种规范系统。[③]

与现实主义国际关系理论存在明显差异，自由主义国际关系理论强调国际合作的可能性，认为通过构建国际机制有助于形成合作。“囚徒困境”模型分析表明，采用“以牙还牙”等策略、控制前期参与合作的国家数量以及利用议题联系的方法等可以提高谈判达成合作的可能性。[④] 长期合作关系的维持可能带来的预期利益、国家间合作交易成本的降低，也进一步促使各国开展合作。自由主义国际关系理论为全球治理的谈判合作奠定了理论基础，阐明了国际制度是国际合作的结果，也有助于国际合作的深入与扩大。

4. 建构主义学派

建构主义学派强调国家利益以国家身份而非国家权力

---

① Held D., Mcgrew A. G., *Governing Globalization: Power, Authority and Global Governance*, Polity Press, 2002.

② 俞可平：《全球化：全球治理》，社会科学文献出版社，2003。

③ 梁西：《国际法》，武汉大学出版社，2000。

④ 熊炜：《国际公共产品合作与外交谈判》，世界知识出版社，2014。

为先决条件，国家之间互动可以形成对彼此的不同认知，从而建构国家间不同的身份，包括“敌人”、“对手”和“朋友”。这种国家间不同的认知结构决定了国家对通过国际合作促进全球治理的不同态度与行为。该学派认为，尽管一国基于强制性要求以及对自身利益的诉求会遵守相关国际制度，但如果缺乏对国际制度本身或合作方的身份认同，这种遵守国际制度的合作也只是一时的权宜之计。但该学派同时也指出，国际制度会对国家的既有偏好产生影响，通过向国家传授规范，使其对自身利益予以重新定义，从而形成一种由行为体相互作用塑造的社会环境。[①] 而制度规范的合法性是使国家接受制度并将其内化的主要条件。[②]

根据以上研究，可以认为，全球治理是由国家政府、国际组织、非政府组织、跨国公司等多元主体通过参与、谈判与协调等方式，按照一定的程序、制度及协议开展，共同参与解决从地区到全球层次的问题，并达成一致行动。在当前形成的全球治理框架基础上，伴随日益增多的全球性问题，全球治理的内容也日益广泛，除了金融、贸易、货币等经济问题，还涉及能源、生态、人权、移民、恐怖主义等非传统安全问题。[③] 全球治理主体间的关系将

---

① 袁正清：《近年来国外国际组织与制度的研究进展》，王逸舟主编《国际政治理论与战略前沿问题》，社会科学文献出版社，2007。

② Finnemore M., Sikkink K., “International Norm Dynamics and Political Change”, *International Organization*, 1998, 52 (4): 887-917.

③ 石晨霞：《全球治理机制的发展特点和趋势》，《中共天津市委党校学报》2014 年第 1 期。

日益平衡与民主，多元主体将构成一个互相依存的治理网络。治理主体彼此并列存在，无等级关系，自愿平等地采取系统化的全球治理行动[①]，推动全球公共利益的实现。

因而，对全球能源治理的认识也主要表现为对国家主权与规则制度之间以及政府与市场之间的作用关系的认识。一种观点侧重于组织、制度对全球能源治理的影响，认为全球能源治理不依托各国政府权威进行，而是与全球治理制度保持一致，强调参与主体多元化与多样性。治理工作必须依靠严格的具有约束力的国际法律或者规则进行，通过参与、谈判、协调等方式解决全球性的能源问题。[②] 强调国际规则与制度在全球能源治理中的重要作用，指出全球能源治理主要包括规则的协商制定、实施监督等环节。[③] 强调市场机制在全球能源治理中的作用，指出以政治为基础，发挥市场作用，将加强全球能源市场的规范建设、推动全球能源治理“回归市场”路径作为关键任务。[④] 一种观点强调国家权力，认为全球能源治理以全球化为视角，具有现实主义对抗性特征。能源安全作为一种公共产品，需要多

① 江启臣：《国际组织与全球治理概论》，台北五南图书出版股份有限公司，2009。

② 陈向国：《全球能源治理的内涵》，《节能与环保》2016 年第 10 期。

③ 马妍：《全球能源治理变局：挑战与改革趋势》，《现代国际关系》2016 年第 11 期。

④ Bressand A.，“The Future of Producer-consumer Cooperation：A Policy Perspective”，in Andreas Goldthau and Jan Martin Witte（ed.），*Global Energy Governance：The New Rules of the Game*，Berlin：Global Public Policy Institute，2010：277 – 278.

方力量维护。[①] 能源所具有的外部性与公共品等属性[②]，要求政府在治理工作中发挥基础性作用。其强调能源是一种国家权力资源，表现为通过能源外交等国家能源战略，以及参与能源地缘政治博弈，实现向现实权力的转化。

二　全球治理架构下的全球能源治理

全球能源治理是全球治理的一部分，与政治治理、安全治理、经济治理关联密切。基于能源特殊的战略定位，全球能源治理会影响政治、经济、外交、国家安全等多个领域。首先，就全球政治治理而言，能源具有一定的政治属性，是一国赖以生存与发展的重要基础，在一国发展战略中占据重要地位，且与国际政治密切相关。保罗·罗伯茨指出，“能源已经发展为政治与经济力量的通货，是国家之间力量等级体系的决定因素，甚至是成功和物质进步的一个新的筹码”[③]。由此可以看出，能源政治问题显然已经成为全球政治治理中的核心问题之一，是国家间关系变迁的重要支点。[④] 目前，能源地缘政治学已经成为一门学科，将能源与政治研究相关联。在当前的能源

---

① Goldthau A., Witte J. M., “Back to the future or forward to the past? Strengthening markets and rules for effective global energy governance”, *International Affairs*, 2009, 85 (2).

② 裴长洪：《全球经济治理、公共品与中国扩大开放》，《经济研究》2014 年第 3 期。

③ 〔美〕保罗·罗伯茨：《为后石油时代创造一个市场》，转自吴敬琏《比较》（第 19 辑），中信出版社，2005。

④ 王亚栋：《能源与国际政治》，中共中央党校硕士学位论文，2002。

格局下，能源的稀缺性导致国家间对能源的争夺，由此引发权力重新分配，各国能源战略利益关系也成为主要的国际政治矛盾之一。

其次，就全球安全治理而言，全球安全治理主要依托相关规范与法律，由政府、国际组织、多边集团、民间社会力量等多方主体共同参与，侧重利用非军事化手段，解决各种传统与非传统安全问题。[①] 其涉及政治、经济、环境等多领域的安全治理问题，根据治理手段的不同，可以划分为采用军事对抗方式的硬安全问题与采用制度和规范手段的软安全问题。目前，由于尚不存在一个兼顾世界各国法律凌驾于世界各国法律之上的全球安全法，因而机构与制度成为全球安全治理的主要工具。[②] 安全问题的特征之一在于牵一发而动全身，如气候变化这一环境安全问题会引发传统安全、自然生态、资源能源等多层次的全球安全问题[③]。能源安全将能源领域治理与安全治理联系起来，反映能源保障的状态，主要体现在三个方面。第一，能源供应安全，即持续的能源供应与管道运输安全；第二，能源价格稳定，即避免石油等能源价格波动或上涨导致经济衰退；第三，能源使用安全，即实现能源使用、经济发展与环境保护的协调。[④] 随着经济发展对能源依赖程度的日益提高，

---

① 李东燕：《全球安全治理与中国的选择》，时事出版社，2013。

② 李彤、彭博：《中国崛起与全球安全治理转型》，《国际安全研究》2016 年第 3 期。

③ 于宏源：《气候变化与全球安全治理基于问卷的思考》，《世界经济与政治》2010 年第 6 期。

④ 林伯强、牟敦国：《高级能源经济学》，中国财经出版社，2009。

能源安全成为国家安全战略的重要内容。

全球经济治理开始于二战结束后，布雷顿森林体系的建立标志着世界经济秩序的重塑。从经济学角度看，经济治理目的在于调节市场经济失灵，纠正不公平的经济运行结果[①]，实现全球经济的稳定发展。长期以来，以美国为主的发达国家拥有全球经济的主要控制权。全球经济治理强调国际组织的作用。伴随新兴国家的崛起，治理框架经历了从八国集团（G8）到二十国集团（G20）的转变，以及“金砖五国”地位的提升。能源是社会经济发展的重要源泉，能源稀缺性与能源需求大这一矛盾为能源经济学的诞生奠定了基础。伴随社会发展，能源经济学的研究重点也由利用能源资源促进经济发展向探索能源合理配置以及能源、经济与环境的可持续发展转变。可以预见，能源可持续发展将从根本上改变能源的政治属性，促进能源普通商品化，推动能源融入全球经济治理体系。在全球能源治理中，能源供需关系、能源价格与补贴等均需遵循基本的经济发展规律，各国也试图利用金融市场完成能源市场化定价，进而实现对能源贸易、投资等的有效治理。G20集团、亚太经合组织等国际经济组织逐渐意识到能源对于经济治理的影响，将能源治理纳入管理议题。全球能源治理格局的调整既绕不开也会改变全球经济治理格局。

---

① 陈伟光、申丽娟：《全球治理和全球经济治理的边界：一个比较分析框架》，《战略决策研究》2014年第1期。

第三节　全球能源治理理论

一　理论框架

综上，在多个方面学界已经积累了相关理论成果，但面对构建绿色低碳全球能源治理格局的实践挑战，理论体系还有较大提升空间。一方面，现有成果多是在现实主义、新自由主义等理论指导下，从国际关系角度，按照较为成熟的全球治理分析范式认识全球能源治理，没有充分考虑到能源特性对全球能源治理格局的决定性影响；另一方面尚没有一套成熟的理论框架，去解释全球能源转型大背景下全球能源治理格局的发展规律或指导其发展方向。全球能源治理体系复杂，国家权力角力和国际制度作用交织，多重重大因素交互影响。纵览全球能源治理发展历程、全球性能源国际组织发展中的标志性事件、重大能源地缘政治关系演变等，可以有如下基本结论。

全球能源治理格局本质上是一种秩序，具体而言，由相互作用、三位一体的能源秩序、区域秩序、全球秩序共同组成。世界能源格局是能源物理层面的秩序，发挥着基础性、决定性影响，世界能源文明发展进程、能源市场结构与互联互通布局等变化发展推动着全球能源治理同向调整。能源地缘政治关系集中反映了区域秩序，当然也是国际秩序在具体地区的作用结果，其版图变化发展影响着全球能源治理体系的格局和稳定性。相关国际制度是全球层面的秩序，将在能源物理秩序调整中发挥促进和制约双重作用，相关运作机制也会反作用于地区性的地缘政治关系，发挥调和、优化作用。区域秩序和全球秩序是多元化主体构成的全球能源治理体系作用的结果，主要通过全球性、区域性的能源利用开发、能源信息交流、对话机制及国际社会的集体行动、公共产品提供等推动形成。治理体系结构、主体间关系与运作机制本身也是区域秩序、全球秩序的核心内容。国家、政府间组织、非政府组织、企业和社会团体等构成了多元化主体，其中国家发挥着核心作用，而政府间国际组织则既作为主体塑造着治理规则，也成为国际制度的核心内容。

因而，全球能源治理格局体现能源物理秩序和社会秩序两个层面，反映了生产力决定生产关系、生产力的性质决定生产关系的性质、生产关系反作用于生产力这一基本规律。为此，构建绿色低碳全球能源治理格局，要求对能源开发利用方式和以化石能源为主导的全球能源治理体系进行同步调整、变革。

全球能源治理格局是世界经济格局、国际权力结构和主要国家能源战略综合作用的结果。世界能源格局伴随着全球经济增长重心调整、世界多极化深入发展、全球经济利益分配再平衡的过程，与世界经济格局同步变化。而国际权力结构则是全球能源治理最大的软环境，约束着能源这一战略武器的作用方向、使用方式及能源合作对象与模式，影响着各国的能源战略选择，而各国能源政治地位也反过来影响其国际地位，这反映了国际政治与能源政治的互动关系。此外，一国能源战略的变化会引发软硬两方面连锁反应，硬的方面会改变区域甚至更大范围内的能源物理秩序，软的方面会影响国际关系、能源地缘政治版图。

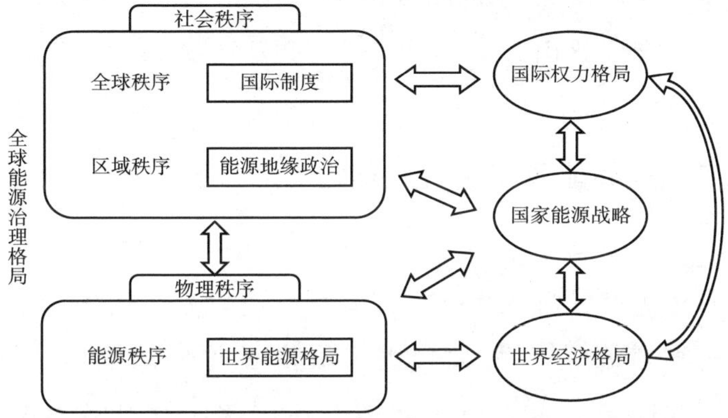

图 1-1　全球能源治理理论认识框架

上述认识形成了本书的全球能源治理格局理论认识框架，同时强调了国际权力结构与世界能源格局的决定性作用，明确了物理秩序与社会秩序应同步推进。在这一框架指导下，可以更清晰地认识绿色低碳全球能源治理格局的重塑路径，即通过各国建立实施绿色低碳能源战略，同步建立专门针对清洁能源发展的治理组织，大力发展可再生能源，促进世界范围内能源互联互通，加快以电为核心能源文明的到来，从而改变主导能源格局、全球能源贸易格局，弱化能源政治属性等特殊性质、促使能源普通商品化，进而调整能源地缘政治关系、丰富国际机制类能源安全公共产品，促进实现国际社会集体行动，最终实现能源秩序、区域秩序、全球秩序的绿色低碳化。

下面分别阐述对框架中世界能源格局、能源地缘政治、国际制度等核心部分的理论认识，其后章节安排也按照这一次序开展。考虑到主要国家的能源战略是分析区域秩序和全球秩序的起点，将能源战略与能源地缘政治放到一起列为第三章主要内容。

二　世界能源格局有关理论

（一）能源特性分析

一是能源为人类社会进步提供了重要的物质，石油、天然气等均属于不可再生能源，能源储量有限与需求增长之间的矛盾日益尖锐。因此，能源附带着相应的政治权力，一国的能源状况会影响其政治立场及其在世界上的战略地位。国际政治的博弈重点之一即为资源争夺与管线控制。[①]这要求全球能源治理必须谨慎考量其政治属性，深刻结合全球政治版图，稳定全球能源供需格局；必须更具前瞻性，考虑代际公平，更关注“哈伯特高峰”等能源远期发展情景，努力实现可持续发展。

二是能源具有强外部性、强非排他性。能源正外部性及非排他性体现在清洁能源利用等带来的环境效益及影响范围上，这容易导致集体行动面临“搭便车”挑战而难以

① 马小军：《国际战略视野下的能源与环境问题》，《当代世界》2011年第10期。

形成一个统一的全球能源治理机构，国际能源治理体系首先应以少数国家为主体搭建。通过改善能源供需主体的双边与多边关系，进而扩大合作规模，深化合作内容，逐步向建立全球性治理机制发展。而全球呈现出以化石燃料为主的能源消费结构是导致能源外部性的主要原因。[①] 气候变化、环境污染、个体能源安全事件的不相关国波及性等是能源负外部性的重点关注领域。能源外部性要求在能源治理过程中，市场机制必须将能源供应、使用、分配全过程中的成本收益在能源价格中予以真正反映。[②] 同时，加强全球合作，尽可能通过国际机制和集体行动，实现能源外部性的内部化。

三是油气资源地理分布集中性和供需逆向分布性。长期以来，油气资源富集地区是大国争夺的主要目标，各国能源利益冲突点、供需博弈双方角色相对稳定。这一格局也是 OPEC 和 IEA 等国际组织成立的物理基础，与一般全球经济治理模式的博弈格局有所不同。

四是能源具有较强金融性。石油作为硬通货以美元交易，由此使其成为美元霸权的基础。能源金融属性成为影响全球能源市场未来发展趋势的关键变量。[③] 伴随近年全球经济形势的明显动荡，石油等能源产品的金融属性凸显。

---

① 叶玉：《全球能源治理：结构、挑战及走向》，《国际石油经济》2011 年第 9（8）期。

② 姜雁杰：《能源外部性研究综述》，《经贸实践》2015 年第 15 期。

③ 何凌云、刘传哲：《能源金融：研究进展及分析框架》，《金融经济学研究》2009 年第 5 期。

能源价格是重要表征之一。能源定价机理较为复杂，总体而言由供需情况确定，此外还因受全球政治形势、国家税收等政策、市场投机行为等干预影响而具有较强不确定性并难以预测。长期来看，能源价格也会反作用于能源消费规模和消费结构，价格提高会导致节能，甚至形成由能源冲击所引起的经济衰退。因此，能源金融市场是各国参与全球能源治理角力的核心领域。

五是能源具有网络性。由于能源储量分布地区与消费市场不一致，运输通道成为连接能源产销市场的关键。能源远距离运输所形成的骨干网布局、大通道走向、咽喉要道等，影响沿线国家能源供给状况和战略地位，决定能源地缘政治关系。当前，国际能源输送方式主要为海运与管道运输，其中全球超过3/5的石油通过海运贸易①。这些能源通道中的咽喉要道，如马六甲海峡、曼德海峡、苏伊士运河等，面临海洋主权及战略利益争夺、沿岸国家局势不稳定等地缘政治因素以及非传统安全因素的威胁。可见，能源市场结构、互联互通所达范围、对单一输送路径依赖程度、网络结构特征，是全球能源治理格局的重要决定因素。

六是能源具有资产专属性与密集性。能源产业需要很高的初始投资额，技术性强，资本密集，规模经济性明显，而且资产用途表现出高度的专一性，再利用可能性很低，

① 刘雪飞：《海上石油运输通道国际安全制度之构建》，中国海洋大学硕士学位论文，2006。

这也成为能源资源国有化程度较高的重要原因。能源一般作为经济命脉由国家掌控，因而一国能源战略，尤其是大国利益及博弈焦点，成为能源地缘政治关系和全球能源治理格局调整的重要驱动力。全球油气产业经历了多轮国有化浪潮，加剧了国际能源地缘政治的较量，如拉美地区国有化运动导致当地石油生产国与美国的关系紧张局面[①]。

七是能源的技术属性。技术创新带来能源变革，继而引起能源治理格局的根本性变化。页岩气技术的突破改变了天然气供应格局，可再生能源成本降低及大规模开发利用提升了其在全球能源格局中的地位，LNG 运输技术的进步推动了全球统一天然气市场的形成，新能源汽车的出现、电力在终端消费中比重增加等推动能源消费结构更加清洁化、低碳化。一国拥有先进的技术，有助于提升其在全球能源治理格局中的话语权及影响力。

（二）对世界能源格局及其对治理影响的认识

综合上述能源特性，可以认为世界能源格局主要涵盖三个方面：一是主体能源是什么，即能源消费的主要类型；二是能源市场结构怎么样，这包括能源供应国与消费国的地理分布情况，所形成的能源生产与消费中心，形成的市场全球一体化程度等；三是能源互联互通程度，即运输通道布局、范围、紧密与灵活程度等。

---

① 薛庆、王震：《油价冲击、政治制度与资源国有化决策——基于 1960～2010 年数据的实证分析》，《世界经济与政治》2012 年第 9 期。

一是主体能源演变对治理格局具有根本性的影响。不同时代、不同主体能源下，能源上述特性在全球范围内会有不同表现，形成不同的世界能源格局。在煤炭将生物质取代发展成为全球主体能源时期，由于煤炭供需耦合度高的分布特点，其市场按地域分割布局，形成多个区域性煤炭市场，全球性治理需求不高。当石油超越煤炭成为全球能源主要消费形式，各国围绕石油定价权、石油市场地位相互博弈，相关机制与规则在全球能源治理中的作用凸显①。伴随着美国“页岩气”革命的发生，未来可能天然气将逐步确立其主体能源的地位，围绕欧亚天然气管道及海上 LNG 运输通道、天然气定价权的博弈或将进一步显现。尤其随着全球气候变化、对低碳绿色的呼吁，可再生能源将得到持续大规模开发利用，全球能源治理将进一步聚焦清洁能源。

二是对于一国而言，能源资源禀赋决定一国能源战略，甚至影响其国际政治地位。对于能源资源丰富型国家，能源外交成为其重要政治工具。美国通过页岩气革命实现“能源独立”后，即改变了其政治策略，美国开始由中东转向参与亚太地区的能源市场以抑制中国等新兴国家的崛起。借助自身能源地位的提升，美国试图重构并主导全球能源治理秩序，主要涉及资源开发理念、治理标

---

① 陈波、宋磊：《完善国际石油体系：中国的角色和作用》，《国际石油经济》2016 年第 9 期。

准、多边合作规则以及技术转让与保护等内容。[①] 对于能源短缺型国家，其能源安全更多要依靠国际政治策略。日本能源主要依靠进口，能源安全一直面临紧张局面，因此其对内制定新能源战略，通过“新阳光计划”，推进太阳能、核能、风能、生物质能、氢能等新兴能源的利用[②]；对外政治立场长期依附美国，开展能源外交，以此满足能源需求。

三是世界能源市场结构塑造了全球范围内能源博弈主体的特征。全球能源治理不同于政治、安全、经济治理的重要原因在于化石能源分布和用能大国相对集中且稳定，形成了以能源供需中心为对象的合作竞争格局。这为 OPEC 和 IEA 形成二元博弈提供了基础，而能形成这一稳定的“双中心”格局是因为两个集团均表现出较高的同质性，国家所处地位相似，拥有较多的共同利益，为形成较紧密的国际能源合作奠定了基础。对于西方发达国家所组成的能源消费国集团而言，它是在原有良好运行的政治、经济、安全治理框架下自然拓展出的针对能源的合作机制。比如冷战后形成的布雷顿森林体系与北大西洋公约组织是西方国家在经济与军事方面建立的高度机制化和合作性的互动机制，欧盟则代表最高水平的国际合作的行为体。中东等能源生产国由于能源资源禀赋、地理位置以及宗教信仰方

① 徐小杰：《美国能源独立趋势的全球影响》，《国际经济评论》2013 年第 2 期。

② 周倩：《当代日本地缘战略中的能源因素分析》，华中师范大学硕士学位论文，2011。

面的相似性，易达成一致行动。但由于这些国家的投资与技术依赖于别国，因而其合作大多停留在“卡特尔”层面[①]，难以深入开展。但也需要注意到发展中国家间因发展阶段、能源利益诉求差异较大，难以形成合力。发展中国家能源供需主体的这一特点导致其能源合作大多附加于地区组织中。

四是世界能源市场结构调整将影响能源地缘政治关系，改变全球能源博弈格局。石油、煤炭、天然气等一次能源市场及电力二次能源市场呈现出的不同特征会影响其对能源治理的不同需求，导致各国针对不同能源采取不同的针对性治理手段，以实现全球资源优化配置。世界范围内能源供需地理分布，影响博弈格局、地缘政治。能源密集地区是各国争夺的焦点，而随着技术水平的提升，潜在能源存在被开发的可能，由此也可能导致能源生产中心转移。另外，伴随全球经济格局的改变及新兴国家群体式的兴起，能源消费中心也发生了变化。因此，能源地缘政治关系会伴随着能源贸易流向的变化发生调整，进而影响全球能源治理格局。

五是互联互通是全球组织新范式，油气管道、电网等的互联互通将重塑能源未来，推动世界更适应当今多极化和多元文明秩序。全球能源生产与消费空间上的逆分布性，决定了互联互通在全球能源合作中的重要战略地位。互联

---

① 熊炜：《国际公共产品合作与外交谈判：利益、制度和进程》，世界知识出版社，2014。

互通有利于各国加强能源对话与合作，引导世界各国积极参与全球能源治理，提升能源共同治理意识，开展联合行动，打造能源“利益共同体”与“命运共同体”，重塑全球能源治理的全新格局。随着能源互联互通范围、密度、承载能力等的持续提升，能源特殊性将进一步被弱化，将有效推动能源治理成为全球经济治理中的一般性内容，地缘政治较量也将从领土之争转向互联互通之争。

三　能源地缘政治有关理论

（一）地缘政治理论

19 世纪末 20 世纪初，地缘政治理论得到系统性发展。瑞典学者鲁道夫·契伦首次提出地缘政治学这一概念，认为其是“将国家作为地理的有机体或一个空间现象来认识的科学”[①]，并将其作为分析国家政治权力的地理基础理论。根据《中国大百科全书》的定义，地缘政治是结合地理要素与政治格局的地域特点，对各国的政治行为以及战略等予以分析和预测，即国家政治行为会受到地理因素的影响。[②] 美国学者杰弗里·帕克对地缘政治给予如下定义：“从空间或地理的视角所做的国际关系研究，它是一个表达政治行为与发生这种行为所处的环境之间的特定关系。”[③] 由此可

① 帕克：《二十世纪的西方地理政治思想》，解放军出版社，1992。

② 《中国大百科全书》（政治学），中国大百科全书出版社，1992。

③ Geoffrey Parker, *Geopolitics: Past, Present and Future*, London: Printer, 1998.

见，地缘政治关注地理环境对国际政治产生的影响，注重从地理和空间的视角出发，对国际政治问题、国际关系进行分析。

地缘政治兼具地理性与政治性的双重属性。所谓地理性，即政治活动所处的空间特征。地理因素在限制国家各种政治活动的同时，也为政治活动的开展给予了相应的资源与条件。政治性，表现为一种社会关系，其中权力与利益是其基本构成要素①，并以此维持和促进各国间的互动。为此，国家行为体根据地理条件，以权力与利益为中心开展一系列政治活动正是其政治性的表现，包括合作与斗争。

地缘政治的研究主要分为国家、区域以及全球三个层次。其中，国家层次最为基本，以边界和领土为界，分析国家地理位置、自然及历史条件、资源等对政治活动的影响。区域层次由某些关系紧密的政治行为体组成②，其利益目标总体较为一致，注重以行为体为单位的地缘政治力量的彼此影响。全球层次则关注世界整体的地缘政治格局，重点分析与地理因素相结合的国际政治博弈及国际权力转移。

（二）能源地缘政治

能源在海、陆、空权后成为地缘政治研究的第四个维度，能源地缘政治学研究逐步成熟。20 世纪 70 年代，美国

---

① 齐为群：《南海地缘政治与中国国家安全》，山东大学硕士学位论文，2011。
② 陆俊元：《地缘政治规律再探》，《现代国际关系》2006 年第 7 期。

学者梅尔文·科能特在《能源地缘政治学》一书中首次提出这一名词。1995 年奥斯卡·怀特分析了冷战后中亚、中东与俄罗斯的油气地缘政治[①]。能源富集地区成为地缘政治博弈的重中之重。能源地缘政治学可以视作能源与地缘政治研究的结合体，按照区域特征主要可以划分为中东、中亚与俄罗斯、亚太、非洲以及拉美等地区的全球能源地缘政治博弈[②]。能源地缘政治是研究地理因素对能源生产、交换、消费以及分配等各环节的影响，以及引发的各行为体开展的一系列活动。与传统地缘政治相比，能源地缘政治学同样具有现实主义对抗性的特征，但是特殊之处在于能源不可再生，合作性也是其主要特点[③]。

能源地缘政治着眼于地缘政治对能源安全的影响，反映的是各国对全球各地区能源的控制力，以及以能源为核心设定的区域内竞争与协调机制等。20 世纪末徐小杰教授提出"世界能源供应心脏地带"概念，对能源供应与消费的核心区域进行了说明，并将能源需求区域划分为"内需求月型地带"与"外需求地带"。美国、俄罗斯、中国等能源战略枢纽国家成为目前全球能源地缘政治的构成主体[④]。当前，能源民族主义性提升，能源供应方权力不对称，能

① 奥斯卡·怀特：《21 世纪的石油地缘政治学》，《当今时代的重要演讲》，1996。

② 董秀成、皮光林：《能源地缘政治与中国能源战略》，《经济问题》2015 年第 2 期。

③ 宁维嘉：《能源地缘政治格局下的中国战略》，上海社会科学院，2009。

④ 郎一环、王礼茂、李红强：《世界能源地缘政治格局与中国面临的挑战》，《中国能源》2012 年第 6 期。

源消费方竞争态势明显，这些都是能源地缘政治的主要特征[①]。

（三）国家能源战略与能源地缘政治的关系

能源附带政治权力，也是一国重要的战略工具。国家能源战略以国家为实施主体，综合运用政治、军事、外交等多重手段保障能源安全，兼具政治属性与经济属性，其核心内容均围绕能源安全展开。一国能源战略，尤其是大国利益及博弈焦点，成为从能源地缘政治到全球能源治理格局调整的重要驱动力。各国根据其能源禀赋、政治地位等情况制定和实施能源战略，包括管理能源供需、控制能源运输通道、影响能源市场及参与国际能源机制制定等[②]。随着主要国家能源战略的调整，各国能源博弈战略态势和能源地缘政治格局发生相应变化，进而对全球能源治理格局产生影响。例如，美国依靠页岩气革命实施“能源独立”战略，这在提升北美地区能源战略地位的同时，也在一定程度上削弱了中东地区的地缘政治地位。

另外，世界能源地缘政治版图也会影响各国能源战略的抉择。历史表明，随着全球能源地缘中心从墨西哥湾油气时代、中东油气时代到里海油气时代的变迁，世界主要国家都针对不同地区地缘特点，不断调整能源战略以在全

---

① 伍福莲：《论当今能源地缘政治的特征》，《西南民族大学学报》（人文社科版）2015 年第 2 期。

② 潜旭明：《美国的国际能源战略研究》，复旦大学出版社，2013。

球能源治理中占据有利位置。基辛格主张美国从地缘政治的角度出发确定能源战略，实现对世界能源中心的占领。[①]

能源外交是一国对外能源战略的重要内容，始终伴随着能源地缘政治。能源外交是以政府为主体，企业及其他部门共同参与，从而完成各种能源贸易、投资、技术合作等对外活动。[②]其目的在于维护本国能源安全和国家安全，追求地缘政治利益最大化，寻求地缘政治在竞争中的平衡与共赢。能源外交不仅影响着国际经济关系，而且也是国际政治关系的关键组成部分。俄罗斯学者斯·日兹宁指出能源外交是由对外政治、经济以及能源部门等共同参与从而将对外能源政策予以实现而从事的活动[③]。能源外交的内容有明确规定，与能源相关的国际活动并非都属能源外交的范畴，只有外交部门与对外经济部门或者能源企业进行的能源领域的外交活动才属于这一范畴[④]。

一国根据自身的资源禀赋及地缘政治条件，采用不同的能源外交策略。对于能源出口国，其在全球能源治理中具有天然的资源优势，开展能源外交的目的在于提升国际影响力。俄罗斯和 OPEC 国家等为提升自身经济利益，通过控制本国资源输出策略，加大能源价格波动，影响能源市

---

① 亨利·基辛格：《大外交》，顾淑馨、林添贵译，海南出版社，1998。

② 中国现代国际关系研究院经济安全研究中心：《全球能源大棋局》，时事出版社，2005。

③ 斯·日兹宁：《俄罗斯能源外交》，人民出版社，2006。

④ 常思：《印度对非洲能源外交研究》，上海师范大学硕士学位论文，2013。

场的稳定性[①]。能源消费国则通过能源外交保证本国能源供应安全，实现政治目的。长期以来，美国通过控制伊拉克地区石油资源，不仅满足自身石油需求，而且也影响着OPEC国家的战略制定[②]。

综上可知，能源地缘政治是将能源作为一种国家权力资源，通过发挥其作用，占据主要的能源中心，控制能源交通要道，从而将地缘政治利益最大化[③]。依托地缘政治开展全球能源治理，主要强调国家主体在能源治理中的作用。国家以资源性权力为载体，制定并执行国家能源战略，开展能源外交，达到向现实权力的转化，从而影响全球能源与政治格局。

四　国际制度有关理论

国际制度是全球能源治理重要的组织与规则保障，为满足各国提供和消费能源安全等公共产品搭建了合作平台，是全球能源治理体系的重要组成部分，也是能源全球秩序的外在表现。

（一）国际制度的产生与作用

国际制度是理解全球治理的重要概念。国际制度是世

① 约瑟夫·斯坦尼斯劳：《能源博弈与互依共存》，《国际石油经济》2008年第16期。

② 赵庆寺：《国际能源外交的经验与启示》，《阿拉伯世界研究》2010年第3期。

③ 杨中强：《中东石油与21世纪的中国石油安全》，华东师范大学硕士学位论文，2003。

界各国或者相关国家在涉及的共同的政治、安全、经济、社会议题治理领域所形成的一套原则、规范、规则和机制，这套原则、规范、规则和机制往往通过具体的、正式的职能机构也即国际组织来实施和维护。根据学术界普遍接受的观点，国际制度主要由国际组织与国际机制组成。其中国际机制就是那些指导着国际行为的明示的和含蓄的原则、规范、规则和程序，它们聚集在某个国际关系领域内，行为体围绕它们形成相互预期。

国际制度因国家间合作的需要而建立。国际关系中国家间尽管存在广泛的共同利益，但这并不意味着合作的自然产生。为使国际合作得以有效开展，国家间往往就合作的内容、手段、目的等达成一系列规则、规范以及法律文件，甚至成立相应的国际组织，以促成合作行为，并对国家履行合作义务的情况进行监督。国际公共产品的提供是国际合作及国际制度建立的重要条件。霸权体系中国际制度相对容易建立，霸权国往往成为国际公共产品的提供者，并以此推动国际制度的建立以维护其霸权。

国际制度的出现与国际政治中治理失灵密切相关。国际制度可以减少国家间合作的交易成本，如谈判的成本、监督的成本等。由于国家之间交往的不确定性和信息的非对称性使得国家之间的交易成本很高，影响了国家之间的合作，而制度能够提供较充分的信息和稳定的预期，这虽不能排除国家在充满非确定性和信息非对称的环境下采取机会主义的行为，但可以减少这种行为产生的可能性。[①] 另外，国际制度的建立还可以对国家在合作过程中的行为进行监督。国家往往在国际合作过程中倾向于享受合作利益，而不承担合作义务。无政府状态下国家的这种行为难以受到惩罚，从而影响合作效果。国际制度中各国的合作是一种长期的多重博弈，一国的损人利己行为在之后的博弈过程中难免遭到其他国家的报复。因而，国际制度框架下，国家往往会对将来可能付出的代价进行计算，从而减少其当下的不履责行为。

（二）国际制度的局限性

权力结构的不平等性是当前国际制度局限性的主要表现。尽管国际制度在促进国际合作方面发挥着重要作用，但其本质上是国际无政府状态下国家权力博弈的产物，其运作机制主要反映了国家权力的分配。国际制度需要国家让渡主权以实现其国际治理功能，而无政府状态下缺乏最高管辖权难以保障国家安全、经济利益。国际体系中国家利益维护的自主性决定了国家对让渡主权的保留，进而影响国际制度的发展完善。因而，现行的国际制度大多是由霸权国主导建立并维护的。霸权国及其联盟在提供国际公共产品的同时也将国际制度视作实现其利益目标的工具，弱小国家在国际制度中往往只能被动接受大国的安排。国际制度的变革涉及多个国家的复杂利益博弈，因而国际制

---

① 袁正清：《国际制度研究：理论 · 实证 · 趋势》，http：//www. aisixiang. com/data/6475. html？ page =4。

度的变革与完善是一个动态的、长期的过程，具有一定的滞后性。国际社会处于一个不断发展和变化的过程中，国际关系的内容也在进化之中，一旦国际关系的内容发生实质性的变化，原有的国际制度就会表现出相对的滞后性，使得某些特定时期既有的国际制度与时代特征脱节，无法确切地反映国际社会的现实。[①]

全球能源治理领域业已形成较为复杂的国际制度体系，在保障能源供应与运输安全、维护国际能源市场稳定方面发挥了重要作用。但当前的全球能源治理制度体系给予发展中国家和新兴经济体的话语权不足，且已无法满足气候变化及能源低碳、绿色发展的治理需求，面临进一步变革、重构的挑战。

能源发展历史长河表明，随着能源文明进阶，全球能源治理重要性逐步升级。当前以中国能源革命为代表的世界范围内的能源转型，正在塑造能源的未来。标志着人类生态文明千年大计的绿色低碳全球能源治理格局要求一个全新的能源秩序、区域秩序和全球秩序。这一秩序既是世界经济格局、主要国家能源战略、国际权力结构综合作用的结果，也会反作用于全球政治经济秩序，加速推动人类命运共同体的建立。

① 曹阳：《国际制度的困境与重构》，《当代世界》2008 年第 12 期。

第二章　世界能源新格局

世界能源格局是能源物理层面的秩序，绿色低碳的能源治理格局首先体现为绿色低碳能源秩序。能源秩序受经济社会发展、气候变化环境容量约束、能源稀缺性和能源技术进步、各国能源发展战略、治理机制等很多因素影响。单从物理层面而言，这些复杂因素可以归结为影响或表征世界能源格局的内外两个方面四项内容。外部主要直接受世界碳排放格局影响，环境容量总体稀缺和碳排放权分配格局将带来世界各国不同的能源发展空间，并倒逼各国能源转型和能源结构优化；内部最根本的在于主体能源的变化，其次是世界范围内能源中心、典型能源贸易、市场结构的变化，以及能源互联互通范围、水平、程度的变化。这三大变化将对能源耗竭性、外部性、网络性等属性产生根本性影响，导致各国在全球能源生产使用中的地位发生较大调整，进而对世界能源格局进行重塑。世界能源格局演变的过程也是全球能源治理中各方力量对比的再平衡过程。

第一节　气候变化驱动世界能源格局进化

气候变化问题由科学问题，逐步发展为经济问题、政治问题、外交问题，作为非传统安全威胁，已经成为全球最主要的议题之一。气候变化问题是能源环境外部性的主要表现，其在空间上具有全球性，在时间上具有代际性，关系着世界各国的经济发展与人民福祉。研究表明，化石燃料的燃烧与土地利用变化所导致的碳排放是导致全球变暖的最主要原因[①]。正因为气候变化问题的背后是能源发展问题和经济发展问题，其相关的碳减排问题成为影响各国经济发展方式、能源战略选择的重要边界条件，关系到一国能源安全和社会发展，因而成为各国博弈的焦点。当然，这一涉及人类共同命运的威胁也推动着世界各国形成一种特殊的多边关系，达成了《巴黎协定》。

一　对世界碳减排格局与世界能源格局的关系认识

世界能源格局深受碳减排格局的影响，其实质是各国温室气体排放权力与各国能源发展战略的碰撞协调。理想情况下，将逐步形成一个能满足各国能源发展需要、气候变化温控目标的，稳定、协调的世界能源格局与世界碳减排格局。而由于两个格局的基础、发展特征有较大不同，

---

① 方精云、朱江玲、王少鹏等：《全球变暖、碳排放及不确定性》，《中国科学：地球科学》2011 年第 10 期。

达成这一理想情况将十分艰难。在这一过程中，排放权力的合作竞争将与全球能源治理格局交织在一起，形成一个复杂的“四边互动关系”。

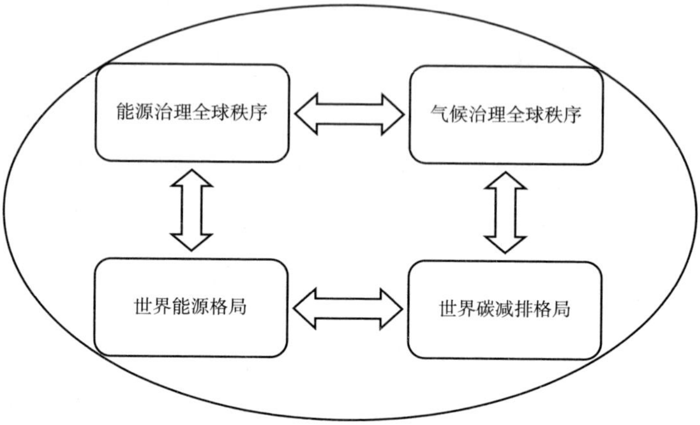

图 2-1　气候治理与全球能源治理的关系

世界能源格局与世界碳减排格局“解耦”是全球能源治理格局、全球气候治理格局达到稳定协调的平衡条件，其过程即是全球能源治理、全球气候治理相互影响的作用力逐步减弱的过程。世界能源格局与世界碳减排格局“解耦”需要具备两个前提：一是多数大国或地区实现 GDP 增长与碳排放“脱钩”，能源消费与碳排放“脱钩”，经济增长、能源增长并不增加碳排放量。当前，如图 2-2 所示，全球碳排放与 GDP 增长之间已呈现“脱钩”趋势。二是全球碳排放量小于气候变化温控目标值所要求量的上限。

二　世界碳减排格局特点分析

一是排放权总体上是零和博弈局面，唯有各国站在人类命

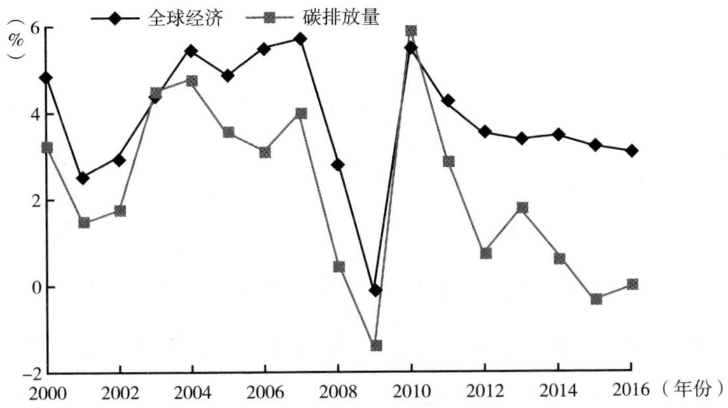

图 2－2　全球经济增长与碳排放“脱钩”

资料来源：IEA。

运共同体的高度，以合作共赢方式才能解决。联合国气候变化政府间合作委员会的研究表明，全世界只能再排放 3000 亿吨二氧化碳，才能实现避免温升超过 19 世纪 80 年代末 2 摄氏度的目标。这意味着随着二氧化碳排放总量继续增长，排放权利的博弈将更加激烈。2016 年全球二氧化碳排放量为 334 亿吨。

二是形成以中、美、欧三方为中心的全球气候治理格局。长期来看，欧洲、北美碳排放逐步降低，中国将于 2030 年之前达到峰值，未来碳排放的热点区域将是印度和非洲等国家和地区。目前，中、美、欧碳排放量分别占全球碳排放量的 27.3%、16% 和 18.7%。其中，欧盟由于其能源安全问题，以及出于借助气候变化平台构筑其领导地位的全球政治经济秩序的目的，一直以来都是全球气候谈判与碳减排工作的主要推动力量，直到近年受金融危机影响而力不从心。中美两个能源消耗和碳排放量世界最大的国家，也是经济体量排前两名的国家，其有关能源发展战略和碳减排行动，会在很大程度上影响全球气候治理格局。中美两国近年富有成效的气候外交，有力地推动了合作共赢的新型大国气候外交关系的建立，但随着美国特朗普政府宣布退出《巴黎协定》，中欧绿色联盟强化，中美气候合作弱化，随之而来的将是全球气候治理进入低潮期。

美国退出《巴黎协定》长期可能影响中国碳排放空间。在自主减排情景下，美国的退出对中国影响不大。但如果未来世界各国为满足2℃温控目标而必须提交更严格的自主减排计划，届时美国退出将导致中国2030年碳排放空间减少4.83亿~5.67亿吨①，影响较为显著。假设被挤占的碳排放量全部由可再生能源替代煤炭发电提供，则替代电量高达0.65万亿~0.77万亿千瓦时。中国需要加速能源转型，来应对这一挑战。

三是经过艰难谈判，全球气候治理逐步形成了非对抗、合作共赢的自下而上的自主贡献机制，2015年《巴黎协定》达成，目标是把全球平均温度升幅控制在工业化前水平以上2℃之内。2016年11月《巴黎协定》满足“双55”条件的条约正式生效，缔约国温室气体排放量占全球总排放量的约66%。《巴黎协定》是一项具有一定法律约束力的适用于所有缔约方的国际协议。

根据各国自主减排目标测算，2025年全球温室气体减

① 张海滨、戴瀚程等：《特朗普的气候政策与〈巴黎协定〉履约前景与中国的对策》，《北京大学国际组织研究中心简报》2017年5月29日第1期。

排量距离实现2°C温升目标存在87亿吨减排缺口。美国作为全球第二大温室气体排放国，退出《巴黎协定》后使2025年减排量从原先承诺的26%～28%下降至10%左右[①]，届时全球减排缺口将拉大到97亿吨。美国退出，最坏情况下可能使全球气温到21世纪末额外升高0.3摄氏度[②]。

四是碳减排格局不仅要着眼于未来的增量容度、当今排放强度，还要看存量的历史责任。目前，亚太地区是全球二氧化碳排放最多的地区，中国和印度是全球碳排放增长最多的国家。而欧洲和北美在20世纪80年代末至90年代初，在碳排放达峰后逐步进入碳排放平稳阶段。中南美洲、中东地区和非洲碳排放总体还处于增加态势。但从历史责任看，发展中国家历史排放量与发达国家历史排放量之比大约为3:7，中国的人均排放、历史排放量远低于发达国家，而美国的人均碳足迹甚至是中国的3倍。

三 气候变化要求世界能源绿色低碳转型

化石能源发电所产生的温室气体排放量为461～1001gCO_2/kWh，而清洁能源技术发电排放的温室气体仅为4～46gCO_2/kWh[③]。为了实现《巴黎协定》把全球平均温度升幅控制在工业化前水平以上2℃之内的目标，一方面要控制能源消费总量，另一方面需要全球能源消费结构做出显著调

---

① 引自资源未来经济学家马克·哈夫斯特德的预测。

② 引自2017年6月2日联合国世界气象组织发布的估算值。

③ 徐洪峰：《中美布局：应对全球气候变化背景下的清洁能源》，社会科学文献出版社，2017。

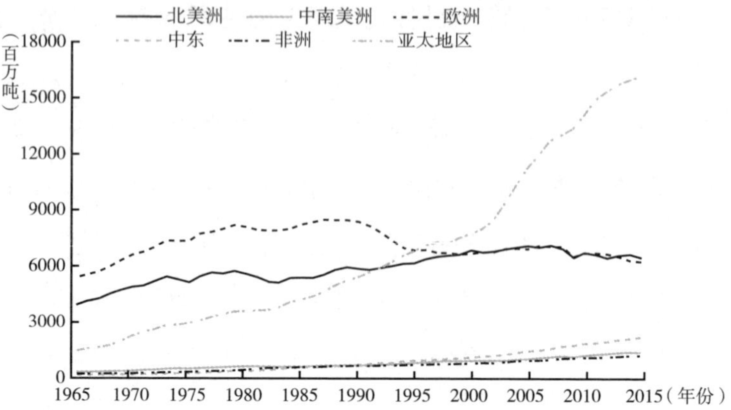

图 2-3　各区域二氧化碳累计排放量

整，要减少3/4的化石燃料使用。从能源结构上来说，虽然天然气在温室气体排放方面优于煤炭，但仍不足以将温度升幅控制在2～3℃。短期内可依靠天然气来衔接石油、煤炭向可再生能源的转变，但从长期来看能源消费必须转向可再生能源。但必须指出的是，石油与煤炭的清洁利用技术进展与商业化程度，在决定过渡能源"过渡期"长短的同时，也会影响各种过渡能源的相对地位①。若碳捕捉与碳储存技术可以实现大规模商业化，石油、煤炭以及天然气这三大化石燃料均可"无碳化"，这势必会对全球能源结构产生影响。

自1995年以来，国际气候谈判的影响与日俱增。伴随参与国及参与组织的日益增多，气候变化问题正成为影响世界能源格局的重大变数。如何应对气候变化问题，对确

① 朱彤、王蕾：《国家能源转型：德、美实践与中国选择》，浙江大学出版社，2015。

保国家能源安全、在全球能源治理权力结构中占据有力地位都有重大影响。全球能源治理也由针对传统能源安全拓展为针对气候变化、低碳政策等的联合治理。

第二节　全球能源转型带来主体能源多元化

关于全球能源转型历程，分别有“两次转型论”、“三次转型论”和“五次转型论”[①]。按照“三次转型论”，全球主导能源大体经历三次更替变化：第一次能源转型发生在18世纪末英国工业革命时期，蒸汽机的发明与推广应用标志着人类社会由“薪柴时代”步入“煤炭时代”；第二次能源转型发生在19世纪末20世纪初，内燃机的出现推动了石油对于煤炭的取代，20世纪60年代初，全球石油消费量超过煤炭，石油成为全球能源消费结构中的主体能源形式；进入21世纪，伴随清洁能源应用技术的发展，以及全球变暖等气候环境问题的凸显，第三次能源转型开始加速，由化石能源向可再生能源转型。

考虑到本书研究全球能源治理着眼的时间跨度约为20年，正是全球能源向非化石能源转型的关键过渡期。对主体能源发展从页岩气、风电、太阳能到核聚变等，各行业都对自身技术寄予高度期望。大体而言，有如下典型预测情景：一是如图2－4所示，油气维持主体能源地位，但占比逐步降低。根据《BP世界能源统计年鉴2017》，2016年，

① 朱彤、王蕾：《国家能源转型：德、美实践与中国选择》，浙江大学出版社，2015。

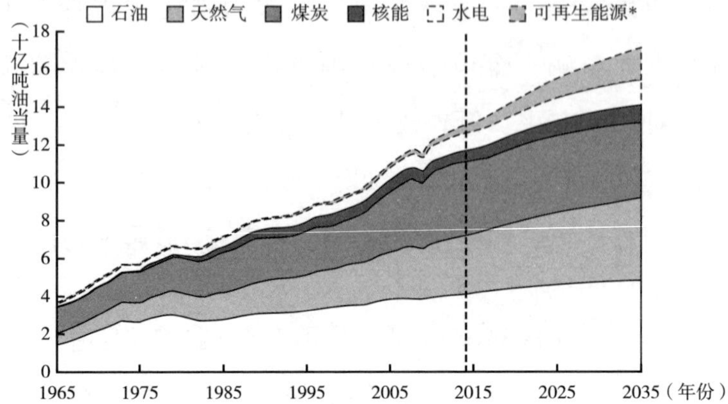

一次能源消费

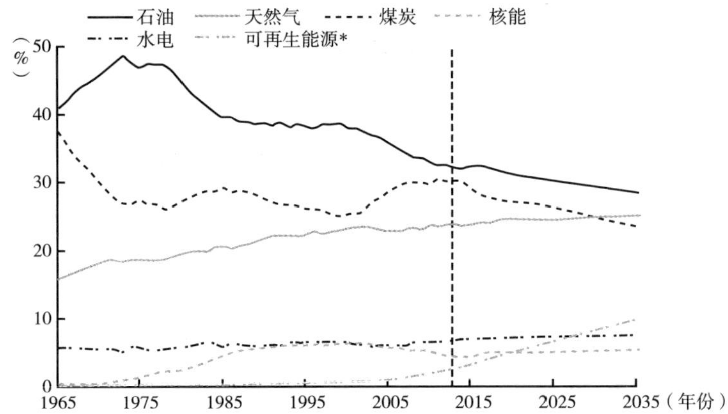

一次能源占比

图 2-4　全球一次能源消费总量与占比 BP 预测

全球石油、天然气、煤炭三大化石能源消费总量为 11354.3 百万吨油当量，合计约占能源消费总量的 85.5%。到 2035 年，石油仍是第一大能源品种，天然气成为增速最快的化石能源，煤炭消费在 2025 年左右达到峰值，总体来看，石油、天然气、煤炭仍是主体能源，到 2035 年仍占到总供给的 75% 以上。二是如图 2-5 所示，随时间变化，石油、天然气与风光等清洁能源将三分天下，进入多元主体能源时代。根据全球能源互联网合作组织在 2016 年国际能源变革论坛上发布的《全球能源互联网发展报告》，风电、太阳能等经济性能源将在 2025 年左右超过化石能源，到 2030 年左右占全球一次能源消费的比重达到 33% 左右。

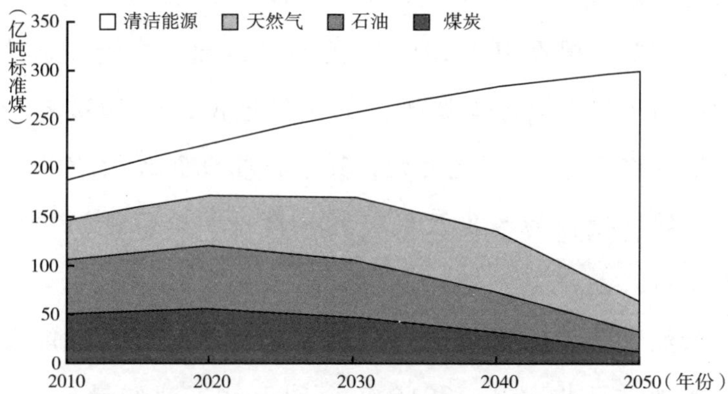

图 2－5　全球一次能源消费总量 GEIDCO 预测

这些预测对未来 20 年能源结构、规模、达峰时间点的判断虽有较大差别，但对发展态势具有总体相似的认识。随着石油占一次能源消费比重持续下降、天然气市场快速发展为全球一体化市场、风光等可再生能源快速发展、二次能源电力作用日益重要，主体能源逐步演变，全球能源治理格局将发生根本性变化。

一　化石能源此消彼长，仍将长期维持主体能源地位，在全球能源治理中的重要位置不可动摇

石油占一次能源消费比重持续降低，但仍将长期维持

主体地位，虽然全球总体供需形势缓和，但由于供需分布不均，能源地缘博弈强度仍然较高。2016 年，石油在全球一次能源消费中的占比达到 33.3%，消费增长率为 1.6%，高于近十年平均增速 1.2%。预计到 2030 年，石油在全球一次能源消费中的占比仍在 30% 左右。截至 2016 年，全球探明石油储量为 2407 亿吨，仍可以满足 50 年以上的全球石油生产需要。根据 IEA 2013 年的预测，油气投资在未来一定时期内仍将占全球能源投资的主导地位，至 2035 年全球油气投资将超过 22 万亿美元，其中石油投资为 13.7 万亿美元，天然气投资为 8.8 万亿美元，合计占全部能源投资的 56% 左右。

天然气消费比重呈现稳步增长趋势，其在全球能源格局中的地位日益上升。2016 年全球天然气消费量达到 3.5 万亿立方米，同比增长 1.5%，所占份额达到 24.13%。全球天然气消费年均增速为 1.6%，作为增速最快的化石能源，将超越煤炭发展成为世界第二大能源。据国际燃气联盟的预测，2030 年天然气在世界一次能源结构中所占比重将上升到 28%，最迟将在 21 世纪上半叶超过石油，成为全球第一大能源。[①] 随着以页岩气为代表的新兴能源开发和新技术新工艺的重大突破，全球天然气市场将被重塑。

全球煤炭消费呈现出明显的衰退。煤炭占全球能源消费量的近三成，占比逐渐下降，预计在 2025 年左右达到峰

① 中国能源发展战略研究组：《中国能源发展战略研究》（上册），清华大学出版社，2013，第 255 页。

值。2016年世界煤炭消费量同比下降1.7%。煤炭储产比高，价格低廉，但极易产生环境外部性，其碳密集度高于其他化石燃料。目前研发出一些新技术，包括整体煤气化联合循环（IGCC）、碳捕捉与存储技术、煤炭地下气化、煤炭转化液态、煤层气甲烷等，尽管可以有效降低煤炭产生的碳排放量，但存在技术成本高、商业化难度大等问题。可以预见，煤炭储量相对丰富的情况以及廉价性使其在未来一段时间内将继续被使用，但碳减排以及气候变暖等相关政策会给其应用带来挑战，而新技术是解决这些问题的重要基础，也决定着煤炭是否及何时彻底退出主体能源舞台。

二　可再生能源快速发展，全球能源治理格局向绿色低碳转变

世界能源进入绿色、低碳转型期，如图2-6国际可再生能源署所描绘的场景那样。如图2-7所示，近十年仅风光可再生能源消费年均增速便超过15%。2016年全球水力发电占一次能源消费的6.9%，增长率为2.8%。风电、太阳能等在全球能源消费中的比重约达到3.2%，增长率为12%，是增长最快的能源。可再生能源投资不断攀升，2015年可再生能源全球新投资攀升至2859亿美元（不包括50兆瓦以上的水电项目）。

历史上，能源行业的大变革均与技术紧密相连，每一次标志性的技术革命都意味着从能源秩序到治理秩序的根

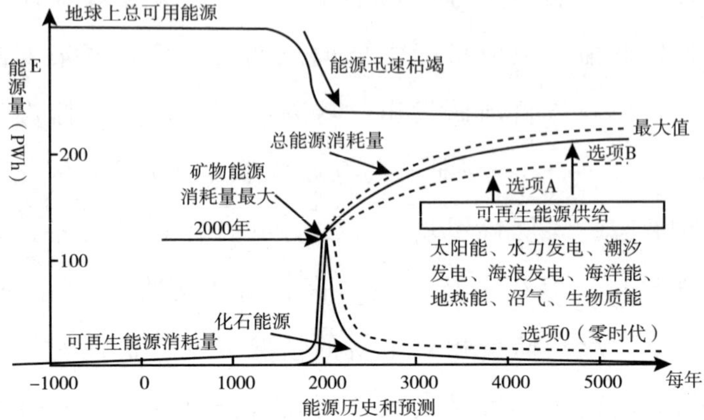

图 2－6　全球一次能源消费总量 IRENA 预测

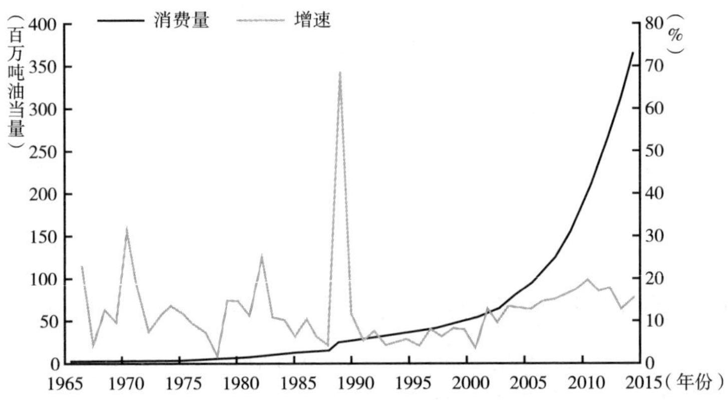

图 2－7　全球风光等可再生能源消费量及其增速

本性变化。可再生能源将改变人们对能源耗竭和稀缺的认识，能源的可持续性将从根本上改变能源的政治属性，促进能源普通商品化，推动能源成为全球经济治理的一般性内容。功能上，全球能源治理将由针对化石能源向清洁能源转变。

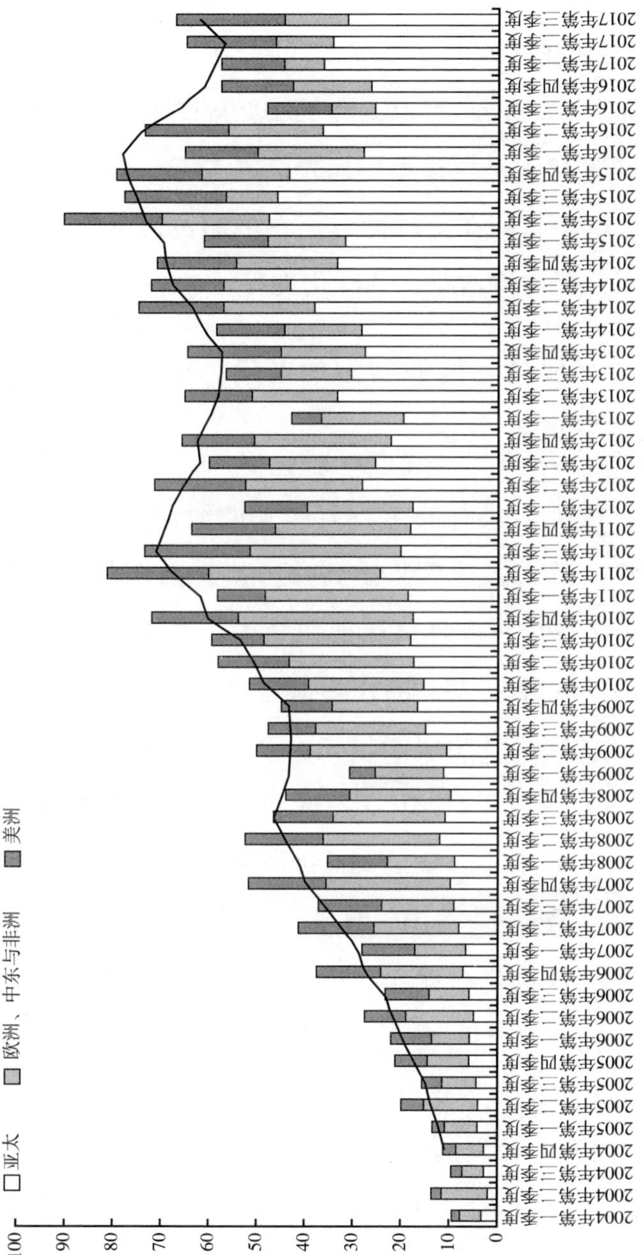

图 2-8　全球可再生能源投资情况

资料来源：Bloomberg New Energy Finance。

当然，这一进程取决于可再生能源技术成本降低的速度。根据国际能源署《能源技术展望》（2016），从 2010 年到 2015 年，新建在岸风电发电成本下降 30%，新建太阳能光伏成本下降 2/3，并预计 2015 年到 2020 年期间，新风电装机成本将再降 12%，新建太阳能光伏成本将再降 1/4。成本降低将有力推动它们在全球能源消费中的占比不断提升，推动全球能源治理的清洁化、低碳化进程。

三　电力行业处在能源转型的前沿，电能在能源格局中的位置愈发重要

电能相对传统的化石能源具有明显的清洁、安全、便捷可控等优势，通过大规模集中转化可以提高燃料使用效率、减少污染物排放、改善终端能源结构。尤其随着水能、风能、太阳能的快速发展，电作为其唯一转化方式，电能日益成为用户主要的终端用能形式。全球电能占终端能源消费的比例从 1980 年的 10.9% 逐步提升至 2015 年的 19.0%。2016 年全球发电量达到 24816.4 亿千瓦时（约合 5640.1 百万吨油当量）。美国、日本、欧盟等发达经济体都经历了电能逐步替代化石能源、电气化水平不断提高的过程，点亮非洲、工业 4.0、智慧城市、智能交通系统等发展战略，体现了覆盖全球的电气化趋势。根据《BP 世界能源展望 2016》的预测，世界经济电气化水平将继续提高，约 2/3 的全球能源消费增量将来自电，用于发电的能源比重将于 2035 年达到 47%。电力产业将成为能源投资的主要对

象，根据 IEA 的预测，至 2035 年，全球用于能源供应基础设施投资的 47.37% 是电力投资，约为 17 万亿元，电力领域的大规模投资将有力提升全球电气化水平。

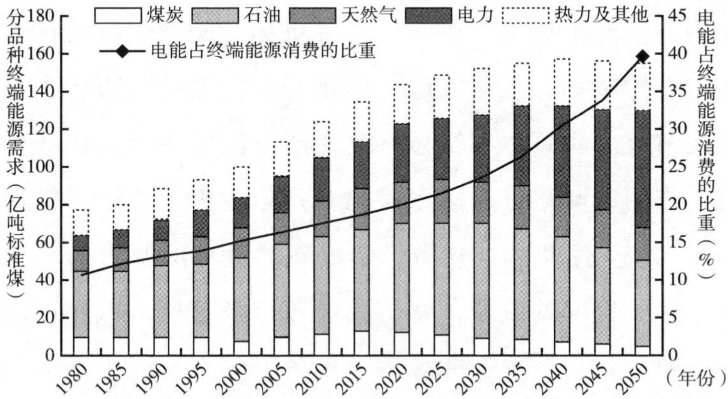

图 2－9　全球电能占终端能源消费比重预测

注：图中带% 的数据为当年电能占一次能源比重。

资料来源：国网能源研究院有限公司：《全球能源分析与展望（2017）》，中国电力出版社，2017。

能源消费电气化进程的加快将推动电能在全球能源治理格局中的位置逐步凸显，尤其在当电力发展成为国际能源贸易典型品种后。电力资源相对更为分散，各国能源自给能力普遍较强。分散带来地理分布集中性减弱，不会出现类油气的全球供应中心。多元化的供应将改变传统博弈格局，促使当今能源地缘政治关系深度调整，基于石油主体地位的全球能源治理格局将显著改变。能源一般商品性将增强，基于石油的美元霸权将重新定锚，全球经济治理格局将相应调整。

第三节 世界能源市场新结构逐步形成

当今全球能源利益冲突点、能源博弈各方角色基本稳定是因为能源市场结构平稳。能源市场结构变化主要体现为能源中心的转移、全球能源一体化程度的改变、市场力量对比的调整等。能源中心转移将改变部分国家在能源市场中的地位与作用，调整有关国家能源对外依存度，改变供需博弈中的大国或国家集团的位置，形成新的世界能源力量“极”。全球一体化程度的改变，将扩大能源市场范围，减小区域市场内垄断力，甚至改变能源博弈中各方关系，产生新的同盟或对手，推动各方在全球层面谋求集体行动。而单一能源品种市场结构的变化也将会产生上述类似效果。

一 世界能源市场新结构总体特点

世界能源市场新结构源自能源技术的进步，其更大的背景是世界经济格局的变化。当今世界正在发生深刻变革，本次全球金融危机给全球经济增长格局带来深远影响，随着以中国、印度为代表的新兴经济体实力上升，亚太地区地位日益提高，推动全球经济增长重心东移，这一过程推动多极博弈格局加深，其结果也会反映到能源市场结构的再平衡上。

（一）能源生产中心西移，消费中心东倾，能源供需分布出现结构性调整

已有研究提出了“世界能源供应心脏地带、内需求型

地带和外需求地带”结构。即形成一个从北非马格里布到波斯湾、里海、俄罗斯西伯利亚和远东地区的大型区域，这个区域油气资源极其丰富，被称为“世界能源供应心脏地带”。世界能源需求主要来自“世界能源供应心脏地带”的外围区域，分为两个地带：其一为“内需求月型地带”，包括东亚、东南亚、南亚和欧洲大陆；其二为“外需求地带”，主要包括北美、撒哈拉以南非洲和南太平洋等地区。①

在能源供应侧，美洲地区成为全球快速崛起的油气资源能源基地。在页岩油（气）储量方面，根据2014年IEA对全球42个国家137个页岩储层的页岩油气资源的测算结果，北美地区三个大国美国、加拿大、墨西哥的技术可采页岩气资源量分别为18.8万亿立方米、16.2万亿立方米与15.4万亿立方米，分别位列世界的第四、五、六位；南美地区的两个大国阿根廷与巴西技术可采页岩气资源量分别为22.7万亿立方米和6.9万亿立方米，分别位列世界的第二和第十位。在技术可采页岩油资源量方面，美国、阿根廷、委内瑞拉、墨西哥、加拿大均位列世界前十位。长久以来，美国一直是石油消费大国，其石油对外依存度在2005年达到60%左右的峰值，此后逐年下降，并于2010年首次下降到50%以下，美国能源自给率日益提高。根据美国能源信息署（EIA）预测，2035年能源自给率将达到

---

① 董秀成、皮光林：《能源地缘政治与中国能源战略》，《经济问题》2015年第2期。

87%。技术进步和生产效率的提升，推动美国致密油和页岩气增长不断超出预期。能源是国际关系结构性权力的重要组成部分，所以页岩气革命在提升美国能源实力的同时，也有力强化了美国在国际能源关系中的结构性权力，将有利于美国维持其能源主导地位[①]。北美能源战略地位的提升也会威胁中东地区在能源格局中的中心地位。由于美洲地区能源供应的增多，美国进一步减少了从中东地区的石油进口。2010～2016 年美国的美洲地区能源进口量占美国能源进口总规模的份额由 34.27% 增加至 69%。

在能源需求侧，全球能源消费逐年增加，但增速放缓。2016 年，全球一次能源消费量达到 13276.3 百万吨油当量，仅增长 1%，几乎只有过去十年平均增速的一半。其中 OECD 国家一次能源消费增长率仅为 0.2%，而非 OECD 国家达到 1.7%。当前，全球能源消费中心正在加速向亚太转移，亚太地区能源消费量所占份额达到 42%。以中国、印度为代表的新兴经济体是全球能源消费量增加的主导力量，其在推动城市化与工业化的进程中将带来更多的能源消耗，东半球日益成为能源消费的中心。这一态势的一个表现为石油出口方向的转移，中东地区向亚太地区的石油出口量不断增加，其向亚太地区的出口量占其出口总量的比例由 2007 年的 68.2% 上升至 2016 年的 73.8%。能源地缘政治关系将随着贸易流向改变而发生变化。

---

① 舒建中：《页岩气革命对美国能源主导地位的影响》，《国际观察》2014 年第 5 期。

(二)"1 +3 +3 +2"全球能源市场格局向"1 +1 +3 +N"演进，能源市场全球一体化程度进一步加深

根据各类能源市场的区域特征，基于石油、天然气、煤炭及电这四种能源类型，当今全球能源市场大体形成了"1 +3 +3 +2"的市场格局。"1"即石油贸易覆盖范围广泛，呈现出全球一体化格局特征；"3"即天然气贸易主要集中在欧洲、亚太地区及北美洲三个区域市场；"3"即煤炭贸易主要发生在亚太地区、欧洲以及北美洲三个区域市场；"2"即电力贸易在欧洲、北美形成一定规模，两个区域性电力市场较为成熟。

着眼未来20年，石油市场将保持一体化格局，天然气市场将向一体化方向发展，煤炭市场将继续保持区域性特征，跨国电力贸易增多将逐步推动除欧洲、北美外的中南美、亚太以及非洲等地区的区域性电力市场逐步成熟。因此，"1 +3 +3 +2"全球能源市场格局向"1 +1 +3 +N"演进，即形成一个全球性石油市场、一个全球性天然气市场、三个区域性煤炭市场、多个区域性电力市场。

二 全球石油市场供需布局调整，博弈格局出现较大变化

按照各个国家和地区在全球石油贸易中的角色并综合地理位置划分发现，北美区域较为独立，超过一半的石油贸易在北美内部完成，同时从中南美洲和中东进口部分石油；中

南美洲则是石油净出口区域，主要向美国和亚太地区出口；欧洲则主要从俄罗斯等国家及中东地区、非洲地区等地理位置邻近的区域进口石油；俄罗斯主要向欧洲和中国出口石油；中东与非洲石油出口量大，贸易范围广泛；亚洲地区是全球石油进口的主要区域，石油进口量约占全球的1/2，以中国和印度为首的非 OECD 国家成为石油需求提升的主力。

表 2－1　2016 年全球石油主要出口方情况

国家/地区	出口（百万吨）	主要出口方向
中东地区	982. 5	中国 184. 1 百万吨；日本 144. 4 百万吨；印度 136 百万吨；欧洲 125. 2 百万吨；美国 88. 2 百万吨；其他亚太地区国家 267. 1 百万吨
俄罗斯	274. 0	欧洲 177. 4 百万吨；中国 52. 5 百万吨
西非	216. 5	欧洲 64. 6 百万吨；中国 59. 5 百万吨；印度 28. 9 百万吨；美国 22. 2 百万吨
中南美洲	177. 4	美国 79. 8 百万吨；中国 51 百万吨；印度 27. 7 百万吨
加拿大	164. 4	美国 162. 6 百万吨

在全球石油市场维持高度一体化、供应总体宽松的背景下，亚洲地区石油需求增长态势明显，全球石油贸易重心逐步东移；另一较大变数是美洲页岩油情况，也会影响全球石油生产格局。这将进一步打破 OPEC-IEA 的博弈格局，形成中东、俄罗斯、美国、中南美洲与欧洲、亚太地区的合作竞争格局，这种变化有利于推动全球一体化格局进一步加强。一体化格局的强化有利于提高各国在全球能源治理进程中彼

此依赖的程度，而博弈格局由大幅变化到平稳下来的过程中，将引起油价波动、治理权力格局的重新调整。

三 全球天然气一体化市场加快形成，全球层面治理加深

天然气贸易主要划分为液化天然气（LNG）贸易与管道天然气贸易两种形式。2016年管道天然气贸易在全球天然气贸易中所占比例达到68%，管道天然气贸易仍是天然气贸易的主要形式。受限于管道铺设对地理位置和地形的要求，以及天然气运输通道专有性强、投资高、供应链需保持完整性与连续性等特点，管道天然气贸易大多发生在区域市场内部。目前，天然气贸易主要集中在欧洲、美洲、亚太三个区域市场。主要进口国家和地区包括欧洲、美国、中国、墨西哥等，主要出口国则包括俄罗斯、挪威、加拿大、美国、荷兰等。2016年欧洲管道天然气贸易量达到全球的56.4%，北美管道天然气贸易约占全球的19.36%。亚太地区以LNG贸易为主，约占全球LNG贸易的69.7%。欧洲天然气主要依赖进口，管道运输的跨区域性使其容易受到过境国的政局影响，存在较大的天然气供应安全。

LNG提高了天然气的运输性能，其贸易增长反映出全球天然气市场正在经历一个持续根本性的转变，即全球天然气市场的整合度有所提升。受澳大利亚新建LNG输出设施等因素影响，2016年全球LNG贸易量同比增长6.5%，其中，亚太地区是LNG的主要交易市场，日本是最大的

LNG进口方，其次是韩国、中国和印度。卡塔尔则是最大的LNG出口国，主要面向亚太地区及欧洲出口；澳大利亚、马来西亚、印度尼西亚LNG出口区域主要集中在日本等亚太地区；尼日利亚则将亚洲、欧洲及中东这些区域的部分地方作为出口对象。LNG运输的优势在于不仅可以实现长距离跨洲跨洋运输，而且能够实现灵活高效的点对点供气，促进区域形成更为统一的气架。根据BP《2035世界能源展望》，预计到2035年，LNG将成为天然气贸易的主导形式。LNG运输技术的发展将推动全球统一天然气市场的形成。

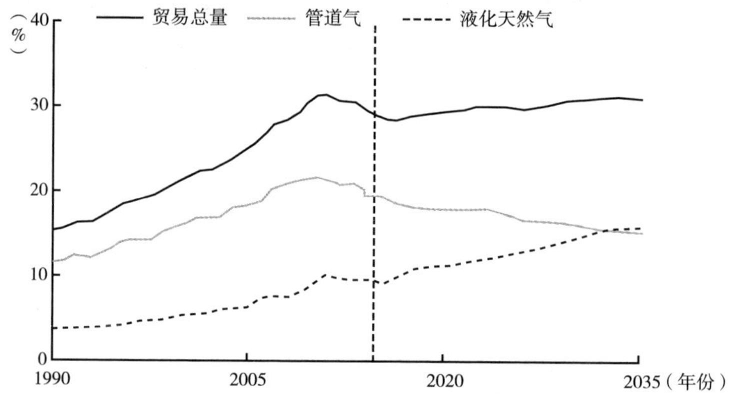

图2-10 贸易量在全球天然气消费中的占比

资料来源：《BP世界能源展望2016》。

欧洲、美洲、亚太三大市场天然气价格趋同是天然气市场迈向一体化的重要表现。当前，全球三大天然气市场形成了三个价区，亚太地区对国际油气定价的影响力较小，虽然近年“亚洲溢价”空间呈现缩小态势，但问题仍明显。以2016年天然气价格为例，代表亚洲天然气价格水平的日本LNG进口价格为6.94美元/百万英热单位，约为以德国和英国天然气价格为代表的欧洲价区的1.5倍，是以美国天然气价格为代表的美洲价区的3倍。亚太地区作为世界能源消费的主要区域，未来利用这一地位优势，构建能源交易中心，将有效提升其全球能源定价的参与程度与影响力，推动天然气市场全球一体化。

根据IEA的预测，全球天然气贸易总量预计到2035年将达到12500亿立方米。未来将逐步形成中东、俄罗斯、澳大利亚的常规气源，美国页岩气与主要需求方亚太和欧洲的竞争合作格局，这一格局既推动着全球天然气一体化市场的形成，也在塑造着未来的治理格局。保障天然气供应安全、确定合理定价方式成为全球能源治理亟待解决的难题。

四　煤炭市场维持区域性特征，对全球层面治理机制需求不大

煤炭在世界范围内的分布区域与消费区域具有较高的耦合度，煤炭消费大国往往拥有丰富的煤炭储量。目前，长距离跨国铁路干线网络尚不完善，煤炭运输技术成本较高，导致各国煤炭生产一般用于自身需求，煤炭贸易主要在邻近国家间开展，煤炭贸易量仅占全球煤炭消费量的10%左右。其贸易区域集中在亚太地区、欧洲及美洲，形成了主要的太平洋、大西洋及印度洋运煤航线。根据IEA发布的《煤炭市场中期报告2016》，跨区域的煤炭贸易在未来一段时间内不会发生太大变化。

远洋运煤的主要流向如下：太平洋地区是从澳大利亚东海

岸流向日本、韩国、东南亚，从美国东部向西横渡太平洋流向东北亚和东南亚；大西洋地区是从美国东海岸横渡大西洋流向欧洲；印度洋地区是由南非向东至亚洲或由澳大利亚向西至欧洲。除此三大地区以外，波罗的海及欧洲北海岸也有少量海运。除海上贸易外，部分国际煤炭贸易也采用内陆边境贸易的方式。此类运输方式主要发生在北美大陆、欧洲大陆各国以及原苏联各国之间。美国与加拿大之间主要通过五大湖然后经由铁路或公路运输到消费地。美国与墨西哥，欧洲各国，俄罗斯与乌克兰、哈萨克斯坦等国之间则主要通过铁路运输。

根据《BP 世界能源展望 2017》，未来中国仍将是全球最大的煤炭消费市场，预计 2035 年其煤炭消费量占比约为 50%；而印度将成为煤炭需求增长最大的市场，其在全球的煤炭需求比例将由 2015 年的 10% 左右增加至 2035 年的 20%。此外，日本与韩国的煤炭进口将保持稳定态势，土耳其、越南、马来西亚将增加煤炭进口量。在出口方面，澳大利亚仍是煤炭出口大国，俄罗斯可能增加煤炭出口量。

总体而言，煤炭全球统一市场难以形成，将维持三大区域市场局面。但大型公司正试图主导全球煤炭市场，BHP - 必和必拓、英国石油公司、斯特拉塔/嘉能可和力拓这些公司利用商业协议形式控制着多个区域的煤炭出口，包括南非（86%）、哥伦比亚（加上德拉蒙德）（82%）、澳大利亚（67%）、印度尼西亚（38%）、俄罗斯（40%）[①]。

---

① Martin-Amouroux J.，"Coal: The Metamorphosis of An Industry", *International Journal of Energy Sector Management*, 2008, 2 (2): 162 - 180.

五　跨国电力贸易平稳发展，迫切需要区域性治理机制

2016年，跨国、跨洲电力贸易规模较小，约占全球化石能源贸易量的1.2%，其贸易规模远低于石油和天然气。主要形成欧洲、北美两个区域电力市场。如表2－2所示，欧洲跨国电力贸易规模最大，2016年达8607.75亿千瓦时，各国均有电力贸易往来。其中，法国和德国总贸易量分别占到欧洲地区总贸易量的12.1%和12.5%。2016年美洲跨国电力贸易规模达2228.78亿千瓦时，北美洲电力贸易主要发生在美国与加拿大之间，南美洲电力贸易主要集中在巴西与巴拉圭之间。亚太地区跨国电力贸易规模最小，2016年仅有762.66亿千瓦时。其中，中国是主要的电力输出国，其出口量占到亚太各国总出口量的一半以上。中东与非洲地区跨国电力贸易仅861.54亿千瓦时，但分布也极为不均，仅南非一国就占到该地区总贸易量的近1/3。

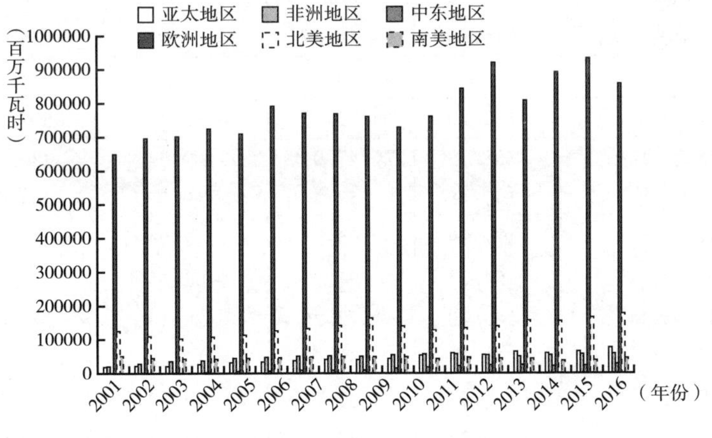

图2－11　各大洲跨国电力交易量情况

资料来源：Global Data. Power。

表 2-2　2016 年跨国电力贸易情况

单位：亿千瓦时

国家/地区	进口	出口	净进口量	交易量
亚洲太平洋地区				
合计	421.67	340.99	80.68	762.66
澳大利亚	0.00	0.00	0.00	0.00
新西兰	0.00	0.00	0.00	0.00
中国	88.37	195.59	-107.22	283.96
印度	56.44	63.25	-6.81	119.69
印度尼西亚	10.07	0.00	10.07	10.07
巴基斯坦	5.49	0.00	5.49	5.49
越南	25.48	18.55	6.93	44.03
菲律宾	0.00	0.00	0.00	0.00
新加坡	0.00	0.62	-0.62	0.62
柬埔寨	19.98	0.00	19.98	19.98
泰国	198.25	13.85	184.40	212.10
马来西亚	1.09	0.56	0.53	1.65
日本	0.00	0.00	0.00	0.00
韩国	0.00	0.00	0.00	0.00
缅甸	0.00	30.10	-30.10	30.10
哈萨克斯坦	16.50	18.47	-1.97	34.97
欧洲地区				
合计	4112.30	4495.45	-383.15	8607.75
捷克	138.17	247.91	-109.74	386.08
波兰	142.48	152.44	-9.96	294.92
丹麦	117.99	95.05	22.94	213.04
葡萄牙	54.23	97.88	-43.65	152.11
斯洛伐克	149.40	123.26	26.14	272.66
斯洛文尼亚	76.25	88.73	-12.48	164.98
西班牙	212.98	136.71	76.27	349.69
挪威	73.37	227.45	-154.08	300.82
瑞典	142.87	260.23	-117.36	403.10
比利时	214.08	38.70	175.38	252.78

续表

国家/地区	进口	出口	净进口量	交易量
奥地利	288.80	190.48	98.32	479.28
保加利亚	38.64	133.75	-95.11	172.39
克罗地亚	123.98	68.67	55.31	192.65
罗马尼亚	37.88	109.85	-71.97	147.73
荷兰	242.58	193.43	49.15	436.01
芬兰	209.80	53.44	156.36	263.24
法国	326.00	717.45	-391.45	1043.45
德国	270.18	807.37	-537.19	1077.55
意大利	431.75	61.49	370.26	493.24
希腊	111.10	15.06	96.04	126.16
英国	196.99	21.53	175.46	218.52
俄罗斯	49.95	248.19	-198.24	298.14
土耳其	64.00	14.42	49.58	78.42
乌克兰	0.75	39.84	-39.09	40.59
爱尔兰	17.89	11.16	6.73	29.05
瑞士	380.19	340.96	39.23	721.15
中东与非洲地区				
合计	421.27	440.27	-19.00	861.54
阿尔及利亚	6.24	9.19	-2.95	15.43
伊朗	37.36	136.69	-99.33	174.05
伊拉克	90.23	0.00	90.23	90.23
坦桑尼亚	5.60	0.00	5.60	5.60
沙特阿拉伯	3.42	10.62	-7.20	14.04
南非	128.07	146.70	-18.63	274.77
埃及	0.76	22.06	-21.30	22.82
加纳	0.63	7.76	-7.13	8.39
肯尼亚	1.90	0.33	1.57	2.23
莫桑比克	95.77	101.89	-6.12	197.66
摩洛哥	51.29	1.79	49.50	53.08
叙利亚	0.00	3.24	-3.24	3.24
尼日利亚	0.00	0.00	0.00	0.00

续表

国家/地区	进口	出口	净进口量	交易量
美洲地区				
合计	1354.48	874.30	480.18	2228.78
智利	0.00	0.00	0.00	0.00
阿根廷	17.09	0.47	16.62	17.56
巴西	410.00	2.00	408.00	412.00
哥伦比亚	0.47	4.94	-4.47	5.41
委内瑞拉	5.69	8.80	-3.11	14.49
秘鲁	0.00	0.00	0.00	0.00
墨西哥	21.61	26.59	-4.98	48.20
美国	806.59	96.95	709.64	903.54
加拿大	93.03	734.55	-641.52	827.58

资料来源：Global Data，2016 年统计；国家 - 电力进出口。

随着跨国联网工程的推进、互联互通水平提升，电力贸易规模将大幅扩大，实现大范围电力资源优化配置。根据欧洲输电运营商联盟的统计，欧洲有 12 个国家的出口电量超过了本国发电量的 10%，14 个国家的进口电量超过了本国用电需求的 10%，跨国电力交易量占到欧洲总用电量的 13.5%。欧洲理事会于 2014 年提出，所有成员国的跨境互联电网容量须占到本国发电装机量的 15%。全球能源互联网发展合作组织于 2017 年发布的《全球能源互联网发展战略白皮书》，描绘了各国各大洲电网互联互通后，全球电力资源优化配置的愿景，到 2050 年跨国跨洲电力贸易量占全球电力消费量的比重将达到 20% ~30%。

可以预见，虽然道路曲折，但为应对全球气候变化，促进碳减排，电力将发展成为国际能源贸易典型品种。考虑到电力资源的分散性，未来跨境电力贸易将发展形成多个大区市场，地区性治理机制将发挥重要作用。电能多元化的供应体系不仅可以协调与稳定全球能源供应结构，而且有利于实现能源在全球的有效配置，有力推动绿色低碳全球能源治理格局的发展进程。

第四节　能源互联互通大布局全面铺开

互联互通是全球化时代的重要特征，多数国家已经将互联互通上升为国家发展战略之一。中美俄等均提出互联互通战略构想，“一带一路”、亚太经济走廊，以及全球能源互联网、波斯通道等油气管道，与能源运输密切相关的铁路、港口、运河扩建均在快速推进。城市、国家和地区的战略地位通过互联互通将发生改变，一国在加强互联互通的建设进程中会提升其全球能源治理的参与度，逐渐增强规则制定的话语权。

一　油气管网快速发展，加速推动全球统一油气市场的形成

目前，全球在役油气管道大概有3800条，总里程达196.13万公里，其中天然气管道、原油管道、成品油管道、液化石油气管道所占比例分别为64.9%、18.5%、12.7%和3.9%，各地区管道长度占管道总长度的比例如图2-12所示。

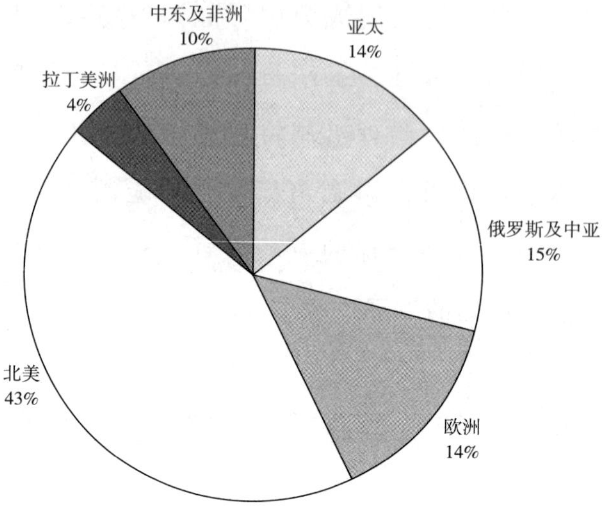

图 2－12　世界油气管道里程分布

资料来源：祝悫智、吴超、李秋扬等：《全球油气管道发展现状及未来趋势》，《油气储运》2017 年第 36（4）期。

根据 *Pipeline & Gas Journal*“2017 年全球管道建设报告”，截至 2017 年 1 月，全球共有在建或拟建管道 13.49 万公里，其中 6.18 万公里处于工程设计阶段。分地区来看，北美、欧洲和亚太地区将是管道建设的重点区域。基于北美与俄罗斯两个大型气源市场的发展以及天然气需求的快速增长，天然气在全球能源结构中的地位日益提升，天然气管道将在油气管道建设中处于主要位置。

北美地区油气管网发达、覆盖率高，约占全球油气管道总里程的 43%，油气管网方面北美地区自身已经发展成为一个较为成熟的区域市场，地区性治理机制在能源治理中发挥着重要作用。北美地区石油输送管道主要起始于美国及加拿大石油产区或东北部沿海进口区域，经

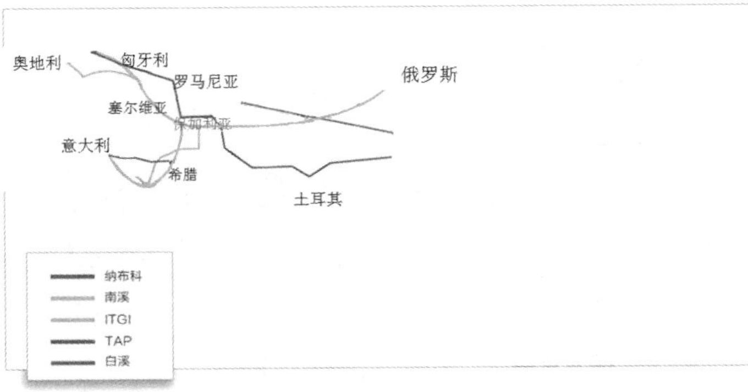

图 2-13　欧盟南部天然气走廊计划示意

美国、墨西哥湾五大炼油区后，止于美国东北部、中西部、中北部及墨西哥湾等主要能源市场。天然气管网主要由美国和加拿大之间的 12 条跨国天然气管道、墨西哥与美国间的 1 条天然气管道及各国境内管道组成，从而将美国德克萨斯州东部、密歇根州等地以及加拿大西部的天然气输送至各消费区。未来一段时间内，加拿大油砂的大量开采与美国页岩气的大力开发将进一步促进北美地区的油气管道建设。加拿大地区将新建管道以将其油砂生产区产出的原油输送至美国中西部地区以及墨西哥湾沿岸地区。此外，为将气源接入北美市场，加拿大将在西北部以及与此相连的美国阿拉斯加州地区新建天然气管道。美国原油管道战略部署重在拓展美国中西部和东北部市场，以及南部墨西哥湾和西北部巴肯原油产区的管网辐射范围。

欧洲是全球天然气管网最密集的地区，建有输气干线

图 2－14　俄罗斯与中国油气管线示意

管道约 12.6 万公里，LNG 接收站 18 座以及地下储气库 60 多个[①]，从而将俄罗斯、中亚五国、北海地区、北非地区等地的天然气输送到欧洲，欧洲已经形成一个较为成熟的天然气区域市场。土耳其是欧洲与亚洲油气管道互联的主要枢纽，西班牙、意大利则是欧洲与非洲油气管道互联的重要窗口。推动欧洲油气来源多元化是该地区能源治理的一项重要任务。为降低对俄罗斯天然气的依赖程度，欧洲开始实施能源进口渠道多元化的战略性措施。南部天然气走廊正在规划建设中，以里海为起点，途经格鲁吉亚和土耳其，将天然气输送到欧洲地区；波兰—立陶宛天然气管道建成后，波罗的海三国长期依赖能源单一供应的历史将会终结。在建的跨亚得里亚海管道将来自阿塞拜疆的天然气经希腊、阿尔巴尼

① http://www.rmhb.com.cn/zt/ydyl/201708/t20170803_800101667.html.

亚和亚得里亚海输送至意大利南部，进而输往欧洲市场。这些都将丰富欧洲天然气的进口渠道，提升该地区能源安全，降低能源地缘政治对能源治理的影响。

俄罗斯和中亚地区是仅次于中东的世界第二大油气资源富集区域，其油气出口主要指向欧洲市场与亚太市场。其中，俄罗斯每年约满足欧洲地区 1/4 的天然气需求，俄罗斯通往欧洲的天然气通道，除经波兰与白俄罗斯的“亚马尔—欧洲”线路外，其余都过境乌克兰，约占俄罗斯对欧洲出口天然气总量的 80%，因而乌克兰对俄罗斯与欧洲的贸易安全具有重要影响，俄罗斯对过境乌克兰输气存在较大依赖。为使出口渠道多元化，减免向管道过境国缴纳额外费用，俄罗斯开始规划建设其他天然气管道。例如起始于俄罗斯北部穿越波罗的海抵达德国的“北溪”管道，首次实现俄罗斯与西欧大陆的跨海直连，无需经第三国中转，这会增加俄罗斯在天然气谈判中的筹码，削弱乌克兰、白俄罗斯等天然气中转国的地位，改变地区间的能源地缘政治格局。此外，基于欧洲丰富油气进口渠道的战略，俄罗斯在竭力稳定欧洲能源出口市场的同时，大力拓展东亚能源市场，加快中俄石油管道与中俄天然气管道的建设等。中亚地区油气资源丰富，拥有重要的战略位置。“中亚—里海”向西延展形成“石油大中东”，向北向东延展可以与俄罗斯油气带相连。中亚地区处于该资源地带的中心，是能源治理的焦点区域。当前，中亚国家运输通道基本通往俄罗斯，而俄罗斯一直竭力从生产、输出等环节实现对中亚国家油气资源的控制。伴随“一带一路”倡议的推进，中亚地区油气出口方向正逐步多元化，进一步转向经济快速发展的亚太地区，如正在建设中哈原油管道、中亚天然气管道等。

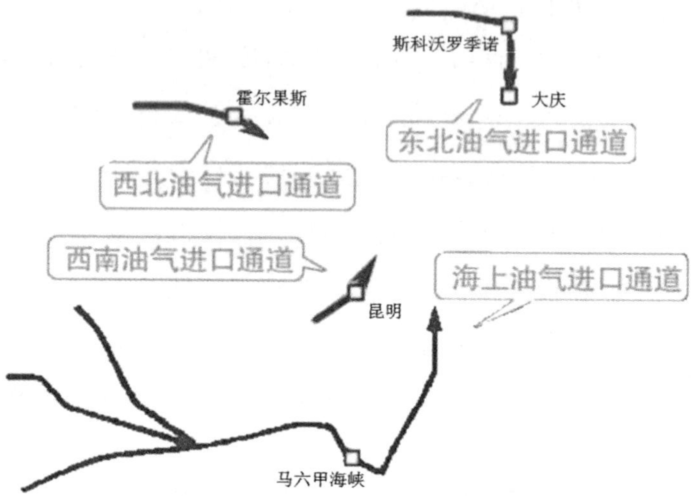

图 2－15　中国油气进口战略通道

亚太地区油气资源较为丰富，主要分布在中亚和西亚地区，而以中国和印度为代表的东北亚和南亚地区则是油气资源的主要消费区域，其能源消费的增加将带动亚太地区油气管道的建设，亚太地区成为全球能源供需体系中的重要一环。为此，亚洲跨国油气管道走向呈现出“东进”和“南下”的态势。目前已有一批跨境油气管道正在筹划或者建设，新建管道主要以海底管道及天然气管道为主，比较具有影响力的跨境油气管道包括中俄天然气管道、中亚—南亚天然气管道等。中国正成为全球油气管道建设的重点地区之一，建设了多条与周边国家相连的油气管道。目前，中国油气进口战略通道格局已经初步形成西北、东北、西南以及海上四个油气通道。西北方向的中哈原油管道和中亚天然气管道、东北方向的中俄石油管道（东线）和中俄天然气管道（东线）架起“丝绸之路经济带”油气桥梁；西南方向的中缅油气管道，架起“21 世纪海上丝绸之路”的油气桥梁；此外，还有通过油轮、LNG 船将油气从中东、非洲等地区运输到东南沿线的海上油气进口通道。能源通道互联互通将提升中国在全球能源治理格局中的地位及影响力。

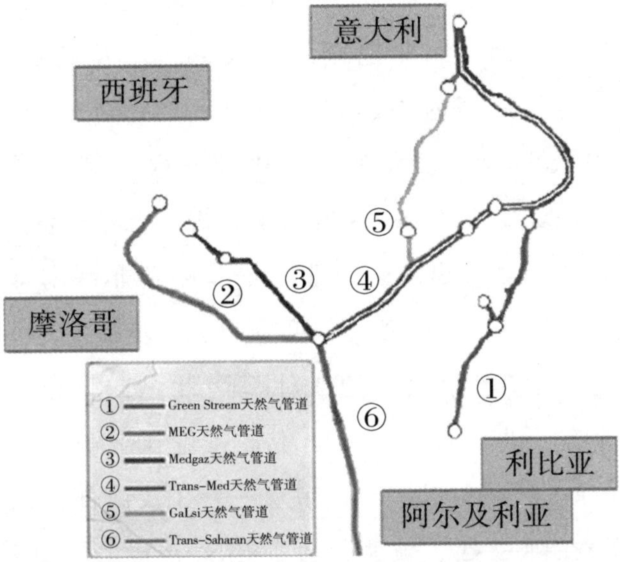

图 2－16 非洲地区跨洲油气管道

中东地区油气资源丰富，伊朗、伊拉克、阿曼、沙特阿拉伯国内油气管道密集。在中东地区内部，跨国油气管道建设已经初具规模，伊拉克与叙利亚、伊拉克与以色列、伊拉克与沙特、科威特与沙特之间均有跨国石油管道相连；伊朗与科威特、约旦与叙利亚、沙特与巴林、沙特与黎巴嫩、卡塔尔与阿曼之间也有跨国天然气管道相通。此外，伊朗与土耳其之间也建有跨洲石油管道，是中东地区石油向欧洲地区出口的重要路径；伊朗—印度的天然气管道实现了中东地区向其他亚洲地区的天然气出口。为了保持市场份额，未来中东地区会进一步拓展向欧洲、中国等新兴市场的能源出口通道，中东与欧洲及亚洲新兴经济体之间的联系将更为紧密。

非洲地区油气管网分布较为分散，大都集中在北非地区。北非地区还建有跨洲油气管道，是非洲与其他大洲互联的窗口。目前，北非地区的埃及、阿尔及利亚、苏丹、利比亚、突尼斯国内均建有一定数量的油气管道。同时，建有阿尔及利亚—意大利、利比亚—意大利、阿尔及利亚—西班牙以及摩洛哥—西班牙 4 条跨洲天然气管道，实现了向欧洲的天然气出口。西非、东非以及非洲南部油气管道数量少且分散，互联互通程度有待进一步提高。

目前，南美洲油气管道大体呈南北纵向分布。其中在南美洲北部，油气管道主要集中在哥伦比亚与委内瑞拉两国，国内油气管网密集。在南美洲中部及南部，油气管道主要集中在阿根廷、玻利维亚、巴西、智利、厄瓜多尔、秘鲁和乌拉圭等国。但目前南美洲尚未实现跨洲油气管道互联，且油气资源开发潜力有待进一步释放。

二 跨境电网互联逐步发展，推动区域电力市场形成，提升电力在全球治理中的地位

21 世纪以来，世界各国积极推动以清洁低碳为核心的

能源转型，纷纷制定了可再生能源发展目标和规划，可再生能源发展迅猛。与此相伴，智能电网成为世界电网发展潮流，许多国家加快建设和升级改造，提高电网的灵活性、适应性和自愈能力，区域性电网互联趋势日益加快，以适应世界范围内的能源转型要求。全球能源互联网成为其中的重要方案和路径。2015 年 9 月 26 日，中国国家主席习近平在联合国发展峰会上发表重要讲话，倡议探讨构建全球能源互联网，推动以清洁和绿色方式满足全球电力需求。2017 年 5 月 14 日，习近平在“一带一路”国际合作高峰论坛开幕式上，再次提出要抓住新一轮能源结构调整和能源技术变革趋势，建设全球能源互联网，实现绿色低碳发展。欧洲超级电网、东北亚互联电网、北非向欧洲输电的“沙漠太阳能计划”等正在积极研究推进，国家电网公司推动构建全球能源互联网的战略构想也得到日益广泛的认同。电网跨国互联为进一步调整基于石油主导地位的全球能源治理格局提供了新路径。

欧洲与北美跨国联网发展相对成熟。欧洲跨国输电线路已达到 353 条（交流线路 328 条，直流线路 27 条），总输电容量达到 8980 万千瓦，占欧洲最大负荷的 17%（5.28 亿千瓦），跨国电力交换能力超过 1 亿千瓦。更大范围的电网互联是欧洲能源互联网发展的重要趋势。2016 年 12 月 20 日，欧洲输电运营商联盟（ENTSO – E）正式发布了两年一度的“十年电网发展规划（TYNDP）”，表明为了实现碳减排目标，欧洲需要建设更加坚强的电网以支撑更大规模、更远距离的电力输送，以满足高比例可再生能源发展需要。北美洲国家较少，跨国输电线路有100多条。北美联合电网由美国东部电网、西部电网、德克萨斯电网和加拿大魁北克电网四个同步电网组成，覆盖美国、加拿大和墨西哥境内的下加利福尼亚州。根据美国提出的“Grid2030”远景规划，通过强化国家主干电网的建设，未来将继续提升美国东西海岸、加拿大与墨西哥的电网交换能力。

亚洲、非洲、南美洲跨境输电规模正在逐步扩大，中国已经与周边的俄罗斯、蒙古、吉尔吉斯斯坦、越南、老挝、缅甸等国实现电网互联互通，并在积极研究推进中俄、中蒙、中巴、中尼等电网互联互通新建和扩大计划，以切实提升中国与周边国家和地区的能源资源互联互通互补能力；东北亚中、俄、蒙、韩、日等国政府与企业在逐步推进东北亚联网；东南亚国家在大湄公河次区域各国之间建设了多条跨国输电线路；尽管非洲用电量相对较少，该地区已经建立20多条跨国线路，并实现与约旦、西班牙的跨洲互联，形成小规模的电力贸易。围绕“一带一路”沿线国家能源的互联互通，中亚—南亚联网项目、东盟电网互联计划、亚洲超级电网计划等一批项目正在研究和实施。可以预见，随着跨境电力联网范围的进一步扩大，电力贸易在国际能源贸易中的比重将大幅提升，更多区域型电力市场将首先形成，跨国电力市场机制将发挥重要作用。

当前，亚欧、亚非、欧非之间只实现了小规模的洲际电力联网，分别依靠3回、3回、2回的交流输电线路连接。

未来，亚欧非之间的电力联网将呈现出“四横三纵”的互联局面，“四横”指亚欧，亚非之间的电力联网，其中亚欧之间将搭建中国—中亚—欧洲、南亚—西亚—欧洲 2 条南北横向通道，亚非之间将搭建埃及—以色列、埃及—沙特 2 条南北横向通道；“三纵”指欧非之间的电力联网，即埃及—希腊、阿尔及利亚/突尼斯—意大利，以及摩洛哥/阿尔及利亚—西班牙/葡萄牙 3 条纵向通道。目前，南美洲与北美洲之间尚未形成联网。未来，美洲之间将依托中美洲—巴拿马—哥伦比亚这一通道实现电网互联，美国—古巴—多米尼加—委内瑞拉也为南美洲与北美洲的互联提供了途径。①

世界范围内不仅欧盟、东南亚国家联盟、南亚区域合作联盟、安第斯国家共同体等区域经济共同体日益重视区域电力互联，一些区域性电力联盟包括欧洲输电运营商联盟（ENTSO - E）、沙漠太阳能行动计划工业组织（DII）、非洲区域电力联盟（包括南部非洲电力联盟 SAPP、东部非洲电力联盟 EAPP、西部非洲电力联盟 WAPP 和中部非洲电力联盟 CAPP）、海湾合作委员会互联电网管理局（GCCIA）、中美洲区域电力联网委员会（EPRSIEPAC）等也在加快推动电力联网。近年，中国国家电网公司发起成立“全球能源互联网发展合作组织”，致力于搭建跨国界、跨领域、跨专业的国际交流平台，共同推进全球能源互联网建设。

---

① 刘振亚：《全球能源互联网跨国跨洲互联研究及展望》，《中国电机工程学报》2016 年第 19 期。

三　开辟新航线，大规模扩建港口与运河，将为调整治理权力结构提供条件

作为石油等能源运输的重要通道，目前国际海运航线已经覆盖五大洲，国际货物贸易量的约90%均由海运完成。港口是水陆交通和物流的枢纽，也是海上互联互通的对接前沿和平台。咽喉要道长期以来是全球能源治理的关键环节。一些咽喉要道成为能源运输的必经之路，其特殊地位在于它们扼守着互联互通命门，这些区域的地缘政治在全球能源治理格局中发挥着决定性影响。当前海上能源运输通道战略博弈的焦点为印度洋与太平洋地区。海湾地区国家的石油和LNG经由不同途径输往美洲、欧洲、亚洲及世界其他油气资源消费地，从生产地到消费地的油气输送途径上存在着若干重要的"咽喉地段"，例如连接波斯湾和印度洋的霍尔木兹海峡是海湾地区石油通往石油进口国家的唯一海上通道，承担着全球近40%石油的出口供应，其最窄处的宽度约33公里，每天有约200艘的油轮通过。[①] 地处亚洲东部马来半岛和苏门答腊岛之间的马六甲海峡全长1080公里，海峡最窄处的宽度约37公里，每天运送约1400万桶原油，以及2/3的国际LNG交易量。[②] 中、印、日、韩

① "The Strait of Hormuz is the World's Most Important Oil Transit Chokepoint," Today in Energy, January 4, 2012, http://www.eia.gov/.../regions-topics.cfm?fips=WOTC.

② 冯绍奎：《21世纪初国际能源格局及今后的中长期变化：兼论日本的能源安全出路与困境》，《国际安全研究》2013年第6期。

等能源消费大国的石油进口均高度依赖霍尔木兹海峡与马六甲海峡的运输通道。此外，曼德海峡、巴拿马运河、苏伊士运河、直布罗陀海峡等咽喉要道一直以来也受美国等西方国家的控制，某种意义上来说，掌握这些咽喉通道的控制权在一定程度上便获得了全球能源治理的主动性。

绕开咽喉要道减少依赖是提升一国全球能源安全的重要途径。2016 年 11 月，巴基斯坦瓜达尔港正式开航，这是中巴经济走廊框架下的重点项目之一，有效缩短了中东、欧洲与非洲国家间的贸易运输距离。在该港口开航以前，马六甲海峡是中国船只去往阿拉伯海与印度洋的必经之地。而中国 80% 以上的原油进口依赖连接印度洋与太平洋的马六甲海峡。瓜达尔港地处阿拉伯海沿岸，在南亚、中亚与中东地区拥有战略地位，且位于波斯湾咽喉周围，与全球石油运输要道霍尔木兹海峡相距只有 400 公里左右。这样，中东石油可以经过瓜达尔港，由陆路运至中国新疆地区，从而将中国经由马六甲海峡的石油运输距离有效缩短 85%，有助于摆脱“马六甲困局”，改变以往主要依靠途经马六甲海峡等海上咽喉通道的海路运输格局。

扩建通道、增大运输能力是提升互联互通能力的重要手段。苏伊士运河扩建为欧洲与亚洲的能源贸易往来提供了更加快捷的航运路线，成为允许更大吨位的油轮通过的一条连接欧亚能源贸易的新动脉，实现双向通航。埃及是连接亚、欧、非的枢纽，苏伊士运河的扩建将巩固埃及这一地区大国的地位，增强其在全球能源治理中的话语权。

作为连接太平洋与大西洋的航运要道，巴拿马运河是亚洲与拉美石油贸易的重要通道。以往受运河能力所限，以委内瑞拉为代表的拉美地区石油需要经过大西洋和印度洋运往中国、日本等远东国家，运输时间长，运输成本高。巴拿马运河扩建后，大型船舶通航能力将大大增强，运输时间与成本均会降低，全球航线尤其是亚美航线布局会发生改变。

未来，或有三条海运通道改变全球能源海运格局。预计修建的尼加拉瓜大运河将成为第二条联通太平洋与大西洋的通道，通航能力较巴拿马运河有大幅提升，一旦建成，便将降低巴拿马运河的货运量及战略地位。拟建的克拉地峡运河通行后，船只无须穿过马六甲海峡，可途经马来西亚和新加坡，从印度洋的安德曼海进入太平洋。这条被称为“东方巴拿马运河”的通道一旦开通，有关各国便可以免遭美国封锁马六甲海峡的威胁，这将改变亚洲地区的地缘政治格局，有效提升能源安全，及扩大东南亚、中东、非洲、欧洲各国的能源贸易往来。北极航线运行后，将改变现有环球海洋运输线的地缘政治影响，分散原有经过马六甲海峡、红海、苏伊士运河、直布罗陀海峡、巴拿马运河等全球航线的能源贸易。北极航线运行后将提升全球航运安全性，削弱有关咽喉要道的重要性，北极地区的战略地位也将提升。

第三章　能源地缘政治博弈再平衡

第一节　引言

地缘政治强调地理因素是决定国家相对权力位置及影响国家决策的重要因素。地缘政治学自20世纪初被提出以来，至今形成了多种具有较大影响力的理论，主要包括“海权论”、“陆权论”和“边缘地带论”等。能源资源本身具有很强的地理属性，随着能源的经济、战略意义日益突出，能源与地缘政治密不可分。由于世界能源的分布极不平衡，能源生产国和消费国在地理上分离，能源与地理因素相结合，特别是与交通枢纽的结合，形成了能源地缘政治。能源地缘政治的逻辑在于，世界主要国家根据各自的能源利益进行国际能源博弈，博弈的结果是不同国家对能源的开发、利用的不同权力分配，从而影响国家实力及国际格局进而塑造全球能源治理格局。

能源地缘政治与世界能源格局、国际权力格局、国家能源战略紧密相关。世界能源格局的改变直接影响国家的能源权力及能源地缘政治博弈的区域重心，而能源外部性带来的气候治理等问题对能源地缘政治博弈的内容具有重要影响。国际权力格局与能源地缘政治相互关系上，一方面，在具有不同特征的国际权力格局下，能源地缘政治的表现也会有所不同。一般来说，在单极霸权国际权力格局下，霸权国凭借强大的军事、经济实力，往往可以垄断全球的能源产业链，对国际能源事务拥有领导权，可通过提供国际公共物品维护国际能源市场秩序。两极国际权力格局下，两个超级大国及以其为核心的两大阵营间相互对峙，而能源往往成为其对抗甚至战争的重要因素，能源地缘政治博弈则相对较为常见。相比单极和两极世界，多极国际权力格局常常被认为是不稳定的，容易发生战争。一战和二战都是在多极体系下发生的。著名国际政治学者肯尼思·华尔兹（Kenneth N. Waltz）认为，多极世界里强国如此之多，以至于任何一国都无法清晰而固定地区分盟友和对手。各国对彼此意图的不确定性及误判的可能性较大，能源地缘政治博弈的空间也就较大。另一方面，基于各国能源战略的国际能源博弈可对国家权力产生影响，甚至导致一国的崛起或衰落，而国际体系中国家权力分布的变化将导致国际权力格局的变化。中东产油国通过协调政策，充分利用石油武器发起石油危机，大大提升了其在国际政治中的地位。俄罗斯曾长期利用欧洲国家对其能源的依赖，提升其对欧洲国家的影响力。而随着欧洲国家能源进口多元化的进展及大量页岩气的供应，俄罗斯的国际政治地位又难免遭受重创。页岩油（气）革命降低了美国对外能源依赖性，提升了其能源权力，同时也提高了美洲在能源地缘政治中的重要性。

国家能源战略，尤其是大国能源外交间的博弈，成为能源地缘政治调整、再平衡的重要驱动力。一国的能源战略由内部战略和对外战略组成。国内能源战略由能源资源禀赋、能源开发利用技术以及能源需求状况等因素决定，包括能源结构与能源市场调整、能源输送网络布局、能效提升、能源环境问题应对等内容。对外能源战略是国内能源战略的延伸，主要包括能源供应安全、能源输出利益保障、国际能源市场参与与影响等内容。对外能源战略主要服务于国内能源战略目标的实现，但由于能源是提升国家权力的一种重要手段，对外能源战略往往也服务于国家的总体对外战略。一国如何进行能源地缘政治博弈主要由其对外能源战略所体现。各国依据其对外能源战略目标，在相应地区与利益相关国家进行能源合作与斗争，逐步形成世界各地区的能源地缘政治特征。

第二节　世界主要国家和地区的能源战略

一　美国

美国是世界上最主要的能源消费国之一，页岩油（气）革命也促使其成为世界最主要的能源生产国之一。长期以来，维护能源供应安全及国际能源领域主导地位是美国能源战略的核心内容。为此，美国全面推进全球能源战略布局，通过对能源供应地、运输通道的控制以及国际能源市场的影响维护其全球能源霸权地位，强化西方主导的能源国际制度建设。

（一）维护全球能源主导地位

第二次世界大战后至20世纪80年代末，美国的对外能源战略重心在于维护能源供应安全，能源外交以石油资源丰富的中东地区为中心，不断加强对中东石油资源的控制以维护其与盟国的石油供应安全。其中，在经历了中东石油供应危机后，美国开始逐步探索石油进口地域多元化。冷战结束后，美国的对外能源战略进入全球能源扩张与寻求能源独立时期。世界能源生产的多中心化及苏联的解体促使美国增强对其他能源生产国家与地区的战略控制，其能源外交以中东地区为中心并向其他地区扩展。而页岩油（气）革命及清洁能源技术的突破为美国的能源独立提供了重要基础。

美国维护其全球能源主导地位主要表现在：其一，美国以强大的军事力量为后盾对世界主要能源生产国进行政治控制，尤其是中东、中亚－里海等油气资源丰富地区。尽管随着美国能源对外依存度的下降，上述地区在美国全球能源战略中的重要性有所下降，但出于影响国际能源市场及反恐、遏制其他大国等的地缘政治考虑，美国仍不会放弃其政治军事主导地位。另外，其愈加重视主导新兴的美洲能源生产板块，加紧推动与加拿大、墨西哥等国的能源一体化，加强对该地区能源政策的影响力。其二，加强在世界能源消费中心东亚地区的能源主导权。美国推行“亚太再平衡”战略，将东亚地区视为其全球战略的重中之重，而推动东亚地区加大对美国能源进口需求是美国“亚太再平衡”战略的重要组成部分。其三，利用政治外交、军事手段要求世界多数国家的能源贸易尤其是石油贸易以美元结算，利用完善的美元国际金融体系影响国际能源定价。其四，在波斯湾、马六甲海峡及东亚等区域保持庞大驻军，形成对世界主要能源运输通道的军事控制。最后，美国还尤为注重以能源为手段服务于其总体对外战略。利用其军事、金融霸权地位，以影响能源价格及能源领域制裁等为手段，美国往往可达到预期的政治目的。比如，通过对印度—太平洋地区能源战略运输通道的军事控制，对中国等新兴经济体的能源安全供应构成威胁，是美国遏制中国等大国的重要手段。另外，推动欧盟国家提高对美国能源的进口需求，减少其对俄罗斯能源进口的依赖。一方面削弱俄罗斯国际地位，另一方面则可加强以美国为核心的同盟体系。

页岩油（气）技术取得重要突破后，美国的全球能源主导地位得到进一步加强。一些预测甚至认为，美国或将在 2020 年前后“成为世界最大的油气生产国”，美国也有可能成为油气净出口国，包括对外出口天然气、成品油、煤炭，甚至出口原油。[①] 美国将一定程度上摆脱中东石油负担，战略重心更加

① Michael Levi, “Think Again: The American Energy Boom”, Foreign Policy, July/August 2012, p. 55; Philip K. Verleger, Jr, “TheAmazing Tale of U. S. Energy Independence”, *The International Economy*, Spring 2012, p. 8.

东移，其将成为亚太及欧洲地区重要的能源供应方，增强亚太及欧洲国家对其能源依赖性，加强对亚太及欧洲的能源外交实力。对美国的欧亚盟友而言，美国是比中东、非洲更加理想的能源供应国。美国意图借助页岩油（气）革命带来的技术、制度和市场创新，提升天然气在全球能源结构中的地位，并将中东和美洲两大油气来源区域纳入麾下，以此对主要能源供求国施加影响，最终服务于美国的全球主导地位。[①]

（二）主导国际能源制度体系

美国霸权的维持很大程度上依靠其推动建立及主导的国际制度体系。当前国际能源制度体系中组织机制较为成熟、功能较为完善的国际能源署由美国推动建立，美国在其中也具有压倒性的决策权。美国强调国际能源署在全球能源治理中的核心地位，并结合七国峰会机制及经合组织等发达国家多边机制主导国际能源议程的设置，紧紧抓住制订相关国际性标准和规则的主导权，为其能源利益服务。国际能源署成立之初，美国主要借助其加强与发达国家盟友的合作，构筑发达国家能源政策合作的政治基础，使其成为应对石油危机政策的重要组成部分。在此基础上，美国进而推动建立了一系列能源供需信息分享机制，推动建设全球能源交易市场，以此加强对国际能源价格的影响。

① 于宏源：《美国的能源政治：一种全球战略体系》，《人民论坛·学术前沿》2016年第16期。

并借由国际能源署增强清洁能源议题在国际能源市场的重要性，充分发挥美在清洁能源领域的技术、产业优势，为其谋取国际能源投资、贸易利益。而当前，美国则重点利用国际能源署加强在经合组织国家内部积极促进页岩油（气）的技术和开发经验合作，提升页岩油（气）的国际能源市场占有率，推动中国等新兴经济体大幅度提高页岩油（气）利用水平。

（三）重视可再生能源的发展

20 世纪 90 年代以来，促进可再生能源开发成为美国能源战略的重要内容。美国联邦政府出台了包括生产税抵免在内的一系列财税支持政策，各州政府则实施了以配额制为主的可再生能源支持政策，充分利用市场机制和竞争，促进可再生能源发展和技术进步。[①] 重视可再生能源开发既是美国减少对外油气依赖，实现能源独立的重要举措，也体现了其占领未来经济增长制高点的战略意图。

此后出台的多项能源法案的核心多集中在发展新能源，增强能源自给程度，逐步实现能源独立上。2009 年发布的《美国清洁能源安全法案》，强调了开发绿色能源和提高能效，支持可再生能源项目、清洁能源项目、智能电网改造等。美国投入大量人力物力，研发可再生能源技术、节能技术及其相关产品，推动技术突破并形成商业价值，使可

① 和芳：《解读“美国全面能源战略”》，《WTO 经济导刊》2015 年第 2 期。

再生能源成为新的经济增长点。同时，利用其在全球贸易领域的领导力，获取在可再生能源贸易、标准规则体系方面的主导权。

（四）特朗普政府能源战略的调整

特朗普上台后，推行“美国第一”的能源计划，美国能源战略出现重大调整的迹象。特朗普政府能源政策以美国利益为中心，以提高美国就业为目标。着力扫除传统化石能源发展的监管障碍、逐步废除阻碍油气工业发展的环保政策，大力发展化石能源，减少对全球气候行动计划的支持。特朗普政府将大幅度开发传统能源，计划支持开发50万亿美元未开采的页岩油（气）及煤储量，改变供需以降低能源价格，创造就业，促进经济复苏。同时促进能源出口，在出口方面大幅度增加能源部出口审批授权数量，减少出口限制，推进美国天然气产品进入国外市场。另外，特朗普政府部分否定了奥巴马政府的“气候行动计划”，认为该计划束缚了美国能源产业的发展。美国退出应对气候变化问题的《巴黎协定》，减少其在应对气候变化问题上的经济投入，并拒绝承担碳减排责任，是气候变化态度和政策上的明显倒退。

特朗普政府能源政策的调整，表明美国将更加注重传统化石能源在其对外能源战略中的重要性，并维持传统化石能源在世界能源格局中的主导地位，其在传统化石能源领域全球治理中的主导地位将进一步加强，在全球气候治理中的国际地位将有所削弱。但特朗普政府能源政策并非完全否定奥巴马政府“气候行动计划”，而是重点反对美国在应对气候变化的国际合作中承担责任。在发展清洁能源和提高能效方面，特朗普政府并没有明确反对，出于环境保护的考虑，美国清洁能源的发展长远来看不会受到太大影响。因此，美国对外能源战略在更加注重化石能源的同时，仍将是清洁能源技术、贸易大国，在全球清洁能源议题领域仍将发挥重要作用。而随着美国政府政党轮替，其气候变化政策存在转向积极的可能，其在全球气候治理中的地位仍不可忽视。

二　俄罗斯

俄罗斯是世界能源资源大国、油气供应大国。能源是其国民经济重要支柱，也是其推行外交政策、维护国家战略利益的重要工具。俄罗斯对外能源战略的优先事项是利用能源来改善其在全球关系中的地位，主要战略目标是最大限度地有效利用俄资源潜力，巩固俄在国际能源市场的地位，实现能源出口多元化，重点在于稳住与欧洲的能源贸易的同时寻求能源出口多元化，即拓展亚太能源市场，同时逐步重视可再生能源的开发与利用等。

（一）维护世界能源大国地位

俄罗斯能源资源丰富，不断加大对能源勘探的投入，提高能源产量以确保其世界能源大国地位。广袤的远东地区及北极地区能源储量大且开采较少，加快对远东及北极地区的能源开发步伐是俄能源战略的重要组成部分。俄政府2015年发布的《2035能源战略》明确提出在俄东部地区形成石油天然气综合体，积极开发北极大陆架的油气资源，建设出口液化天然气的基础设施。[①] 俄罗斯能源行业总体上现代化程度不高，一定程度上制约了其能源的市场化发展、能源开发利用效率及能源服务质量的提高。提高能源行业的创新性、效率和国际化水平是俄利用丰富的能源资源获取经济、战略利益的重要基础，对提高俄罗斯在国际能源市场的份额具有重要意义。俄在加快发展能源加工工业的基础上，逐步增加成品能源出口比例，实现由单纯出口原料变为能源原料和能源成品出口国，提高出口经济收益。[②]

能源外交及国际能源合作是俄罗斯提升国际能源影响力、维护世界能源大国地位的重要手段。俄为获取世界天然气市场话语权，积极推动“天然气欧佩克”的组建，推动土库曼斯坦、哈萨克斯坦等天然气出口国之间天然气政策的协调。俄还在上海合作组织框架内积极推动成立上合组织能源俱乐部，加强上合组织成员国间的能源政策的沟通与协调。另外，俄认为《能源宪章条约》不足以体现能源供应国利益，强调必须对该条约的

① 王晓梅：《俄罗斯能源战略调整与中俄能源合作》，《国际经济合作》2015年第4期。

② 国土资源部油气资源战略研究中心编著《世界主要国家能源战略演变及趋势》，地质出版社，2014，第99页。

相关法律文件进行重新谈判。俄为此展开了长期的能源外交活动，于2009年推动签署《能源领域早期预警机制备忘录》，目的是预防和应对能源领域的紧急情况，保障稳定、畅通的能源供应，这是俄在争取国际能源规则制定权方面的重要表现。[①]

在区域层面，俄罗斯极为重视维护其在中亚地区的传统优势地位。中亚地区油气资源丰富，也是俄罗斯传统势力范围。为削弱美国等域外大国在中亚地区的能源地缘政治影响力，俄在加强与中亚国家军事合作的同时，主要通过签订双边和多边能源合作协定和参与当地能源项目，扩大俄在该地区的油气资源开发和出口领域的市场份额，以及确保对中亚地区至欧洲能源运输管道的掌控权。

作为全球性大国，俄罗斯往往将能源视作实现其其他地缘政治目标的工具。尤其是俄拥有丰富的油气资源，为其能源手段的利用提供了便利条件。比如，普京利用俄乌天然气纠纷可能导致对欧洲天然气供应中断的砝码，力图使欧盟在乌克兰问题多边会谈上与美国保持距离，软化其对俄制裁的立场。

（二）确保俄能源的国际市场份额

首先是稳住俄罗斯在欧洲能源市场的份额。自20世纪

① 国土资源部油气资源战略研究中心编著《世界主要国家能源战略演变及趋势》，地质出版社，2014，第99页。

70 年代以来，欧洲一直是俄罗斯的重要能源出口市场。俄欧在战略利益上存在结构性矛盾，北约东扩不断压缩俄罗斯的战略空间，俄则不断加强对东欧的控制予以制衡。尤其是 2014 年的乌克兰危机导致俄与美欧政治矛盾加深，美欧各国纷纷对俄罗斯采取制裁措施。尽管俄欧地缘政治矛盾近年日益突出，但俄欧在能源领域的关系，无论过去还是现在都是一种相互依赖的伙伴关系。俄向欧洲长期出口能源导致彼此基础设施高度互联，经济早已相互渗透。俄欧之间稳固、可靠和可预见的能源关系仍是俄实现能源收益的重要保障。能源贸易、能源金融等是俄稳定欧洲能源市场的重要手段。俄罗斯天然气工业公司称，拟以欧元代替美元作为能源贸易结算方式。另外，俄欧能源对话、俄欧共同经济空间计划等能源机制，也是俄罗斯稳定欧洲能源市场的重要途径。

其次是拓展亚太地区能源市场。在美国页岩油（气）革命的推动下，美天然气产量大幅增长，对俄天然气出口带来较大挑战。加之欧洲努力寻求油气进口渠道多元化，俄能源出口市场需拓展。亚太地区经济发展迅速，对俄罗斯能源的需求越来越大，成为俄拓展能源出口市场的重要区域。俄计划将远东与东西伯利亚两大能源产地建成对亚太国家能源出口的战略基地，从而在能源出口结构上向亚太地区倾斜，扩大对亚太市场的出口规模。2035 年，石油与石油产品出口比重将从 12% 增到 23%，天然气出口比重将从 6% 增到 31%，液化天然气出口量 2020 年将达到 3000

万吨，2035 年将达到 1 亿吨。[①] 中俄天然气合作已取得实质性突破，俄罗斯与日本和韩国的液化天然气贸易潜力巨大，而经朝鲜通往韩国的天然气管道项目以及穿越中国通往印度的油气管道项目已列入俄罗斯未来能源战略计划。

（三）逐步重视可再生能源开发利用

俄罗斯能源战略长期聚焦在传统化石能源领域，可再生能源的发展起步较晚。但俄拥有较为丰富的可再生能源资源，开发潜力较大。为改善过于依赖化石能源的国家能源结构，确保在世界能源格局绿色低碳转型背景下俄在清洁能源产业链中的地位，俄日益重视可再生能源的开发利用。俄政府明确提出增加核能、水电和其他可再生能源在国家能源结构中的比重。提出到 2020～2022 年，俄罗斯可再生能源发电将达到 600 亿～700 亿千瓦时，占全俄发电量的 4.5%；到 2030 年，达到 1260 亿～1550 亿千瓦时，大约占全俄发电量的 7%。其中 2022～2030 年，将重点转向发展可再生能源，尤其是发展太阳能、风能、水能等，其在电力装机中所占比例将从 32% 增加到不低于 38%。[②]

三　欧盟

欧洲能源对外依存度高达 50%，并呈现逐年提高的趋

① 《〈2035 俄罗斯能源战略草案〉解析》，和讯网，2015 年 6 月 15 日，http://xianhuo.hexun.com/2015－06－15/176727807.html。

② 《俄罗斯：走出资源魔咒》，和讯网，2016 年 9 月 9 日，http://news.hexun.com/2016－09－09/185957339.html。

势。因能源严重依赖进口，能源供应安全一直是欧盟关注的一个重要战略问题。欧盟能源战略的首要目标是确保能源供给安全，其次是寻求能源低碳发展的领导力。其战略手段主要有：推行能源进口多元化，减少对俄能源依赖；推动成员国形成合力，共同建立确保能源供给安全的欧洲统一内部市场；重视多边机制提升国际能源影响力；寻求气候变化谈判领导权及全球清洁能源议题主导权。

（一）推行能源进口多元化战略

欧盟国家能源供给高度依赖俄罗斯，石油进口的30%以及天然气进口近乎一半来源于俄罗斯。欧盟一方面希望维持与俄罗斯双边关系稳定，推行对话与沟通机制，稳定俄罗斯的能源供应来源。另一方面，积极开拓新的能源供应来源，寻求新的能源运输管道路线，实现能源供应多元化。中东、中亚特别是里海油气区国家成为欧盟实现能源供应多元化战略的重要目标，绕过俄罗斯将欧洲与中亚联为一体的跨里海地区天然气管道成为其重要战略通道。“欧洲能源战略2010～2020”特别提到，要支持南部的能源走廊项目，特别是纳布科（Nabuc—co）和土耳其—希腊—意大利近海天然气管道（ITGI）项目。这两个项目的输出端都是中亚的里海地区，同时也有从中东地区（伊朗）输送天然气的潜力。

（二）对内推动建立欧洲能源共同体

建立欧洲能源共同体是欧洲一体化进程的重要内容。

欧盟制定的多项能源战略文件，都强调将保障整个欧盟国家的能源安全供应问题看作一个整体，同时也将构建欧洲能源共同体视为实现低碳能源发展的重要路径。建立欧洲能源共同体，一方面是加强欧盟国家之间的能源协作和互补，在对外能源问题上形成统一声音，实行统一的欧洲能源政策，确保能源产品的市场可获得性、价格的可承受性；另一方面，欧盟成立能源联盟，助推欧盟能源市场的一体化，以形成共同的能源贸易、运输和环境规则，创造一个可预期的、透明的市场，提高欧盟能源竞争力，增加欧盟区域的能源投资。

（三）重视多边机制提升国际能源影响力

欧盟重视通过多边机制尤其是全球能源治理机制提升其国际能源影响力。欧盟国家多为国际能源署的成员国，其通过与美国协调立场成为国际能源署的领导力量。欧盟着重通过国际能源署及《联合国气候变化框架公约》等多边机制推行碳减排的欧洲方案，以获取国际碳政治的话语权。另外，欧盟注重实施《能源宪章条约》及相关文件，积极吸纳欧盟以外的有关能源供应国与过境国加入该条约，致力于在一个广泛的地理区域内建立集体能源安全体系。

（四）寻求气候变化谈判领导权及全球清洁能源议题主导权

欧盟长期积极主导和推动国际气候谈判，以引导全球低碳能源发展的潮流，掌握清洁能源议题的主导权，从而服务于其经济、战略利益。欧盟早在2010年左右就陆续发布了《能源2020战略：一项发展具有竞争力、可持续发展能力和安全性能源的战略》、《2050年迈向具有竞争力的低碳经济路线图》以及《欧洲战略性能源技术计划》，即欧盟发展低碳能源战略的中期战略、长期战略和技术路线图。欧盟以其低碳能源发展的优势地位，为其在世界低碳经济转型中提供新的商机，创造更多的就业机会，从而提高欧盟产业的竞争力。另外，欧盟早在2005年就开启了碳排放交易机制（ETS），将其金融实力与国际碳交易相结合，通过碳交易提升欧元国际地位，进一步巩固其作为全球低碳经济发展的引领者地位。

欧盟是最早发展可再生能源并取得显著成效的区域，在能源低碳发展方面一直走在世界前列。高度重视可再生能源的开发利用，一方面可实现对化石能源的替代，减少能源对外依存度；另一方面则可为欧盟在气候变化谈判中发挥领导作用及寻求全球清洁能源议题的主导权奠定技术、产业基础。在过去几十年里，欧盟积极协调各成员国的可再生能源发展总量、发展节奏及相关政策，制定整体的发展目标，统一技术标准，建立共同市场，并充分发挥市场机制的作用，使各成员国在实现共同目标的同时表现出较强的灵活性。2015年，欧盟委员会提出了2030年气候和能源政策目标，要求欧盟成员国在2030年之前温室气体排放量比1990年水平减少40%；同时捆绑可再生能源、碳交易和节能目标，要求可再生能源在欧盟能源结构中所占比例不低于27%。通过可再生能源上网电价政府补贴、可再生能源配额、特许经营招标以及多种财税支持政策等鼓励、支持可再生能源的开发。

四 日本

日本油气资源十分匮乏，对外依存度高。能源供应安全是日本历届政府国家综合安全保障战略中的重要内容。寻求能源来源多元化成为日本对外能源战略的核心，日本始终重视与油气生产国的外交关系与能源合作，确保油气运输通道的安全通畅以及开发可再生能源以减少对油气资源的依赖。其能源外交的突出特点是，利用提供经济援助、开展技术合作的机会来确保石油、天然气的稳定供应。[①] 日本也注重能源多边合作机制以及在对外能源战略方面追随美国，以美日同盟确保其能源利益。

（一）推行能源来源多元化战略

中东、中亚、非洲、东南亚等一直是日本开展能源外交的重点区域。日本长期保持并扩大与油气资源丰富的地区与国家的油气进口与合作，推进能源来源多元化。加强与中东地区国家关系，稳定传统油气进口基地；强化与中亚国家的经济政治联系，培育未来能源大规模进口基地，

① 余建华：《世界能源政治与中国国际能源合作》，长春出版社，2011。

为大规模进口中亚—里海地区油气资源进行能源运输基础设施投资；通过对非洲国家的援助、经济合作等培育同非洲国家的友好关系，拓宽日本的能源来源地。日本推行能源进口多元化战略的突出特点是，通过对外援助、经济合作等途径推动与各国在能源领域的合作，这主要是发挥日本企业海外经营活动的优势。建立一批资产规模大、技术力量强、经济效益好的核心企业，进行直接投资，全部或部分占有对方国家油气田、矿产开采的股权，或对国外油气开采实行其他形式的经济合作，以便达到控制生产、价格，稳定供应本国需要的目的。这相比单纯的能源商品进口，大幅度提高了可控性和安全度。[①] 因此，在世界各地收购油田开采权益与进行合作开发，是日本能源安全保障战略的重要一环。

（二）积极推动构建亚洲能源多边合作机制

通过多边能源合作增强日本在国际能源市场的影响力，是其维护能源供应安全的重要手段，这尤其体现在亚洲地区的多边合作方面。日本十分注重“东盟 +1”（东盟十国与中国、日本或韩国）及“东盟 +3”（东盟十国与中、日、韩三国）等多边机制推动多边能源合作。曾多次在国际场合提出加强亚洲能源合作的建议，即建立亚洲能源市场，消除“亚洲溢价”现象，增强亚洲的整体竞争力。

---

① 周永生：《21 世纪日本对外能源战略》，《外交评论》2007 年第 6 期。

（三）注重与大国的合作以搭乘大国尤其是美国的“便车”

日本的能源安全战略某种程度上与美国的能源安全战略紧密相连。作为美国的同盟国，日本可搭乘美国“便车”确保其能源供应来源稳定及能源运输安全。日本在海上安全战略方面长期追随美国，通过美日同盟确保印度—太平洋的海上能源运输通道安全，这是其确保海外能源进口通道安全的重要保障。日本也长期支持美国的对外能源安全政策，主要表现为其对美国的中东能源政策基本持支持态度，以此与美国一道对中东产油国实施控制与影响，从而确保其主要能源供应来源的稳定可靠。

（四）注重能效及可再生能源发展以减少能源对外依赖

在通过对外能源政策保障能源供给安全的同时，日本政府对内注重能效提高与可再生能源的发展。2015 年日本政府发布《能源革新战略》，提倡日本家庭加快使用节能电器，并且到 2020 年实现住宅节能标准化，即对现有的住宅进行节能改造，新建住宅均为零耗能建筑。另外，对产业用能实行节能“领跑者制度”，即通过树立标杆、政策激励、提高节能标准，建立推动高耗能产业能效水平不断提升的机制。日本能源利用效率与节能技术居世界领先水平，其能源消费增长速度长期低于经济增长率，能源弹性系数也长期处于很低的水平。

传统化石能源的严重缺乏促使日本高度重视可再生能源的发展。日本拥有丰富的可再生能源，特别是太阳能、风力与地热。日本政府提出2030年可再生能源发电占比达到22%～24%的目标。为促进可再生能源发展，扶持可再生发电设备制造产业链的良好发展，2012年日本政府通过了《电力经营者可再生电力供给特别措施法》，采取补助等多种措施支持可再生能源发电。

五 印度

印度是能源消费大国，能源消费增长速度快，能源对外依存程度较高，为此，印度确定了其对外能源战略的目标是确保能源供应的稳定、油气资源运输安全及鼓励印度石油公司“走出去”等。在此基础上，印度完善和扩展了其“丁”字形石油外交方略，即向北获取中亚与俄罗斯的石油份额，向东则致力于获取东南亚国家的油气资源，向西通过伊朗建立印度与中东、非洲间的能源供给线。① 另外，推动南亚能源区域合作以实现南亚地区能源治理主导权，以及大力发展可再生能源以减少对化石能源的对外依赖。

（一）实施油气进口来源多元化战略

首先，拓宽油气供应地和进口新渠道，确保能源供

① 亢升：《印度博弈非洲石油市场份额对中国的影响及对策分析》，《宏观经济研究》2013年第10期。

应的长期稳定。印度主要能源供应地是中东，其60%以上的油气进口来自该地区。除继续保持与中东能源供应国的良好关系外，印度还与俄罗斯长期进行全方位的双边合作。两国的能源合作主要在于印度企业不断扩大对俄油气开发项目的参与，获取更多的俄油气资源。印度还进一步发展与中亚、南美、非洲等地区能源生产国的能源合作，努力使其能源来源渠道多元化。除通过外交手段确保与各地区油气生产国政治关系稳定外，印度还主要通过鼓励大型能源公司在海外开展能源勘探、开采、提炼及购买股权等方式，扩大能源尤其是油气的稳定供给与储备。

其次，推动周边油气管道建设以保证能源供应的稳定性。印度近年高度重视"国际南北运输走廊"（INSTC）建设，即通过伊朗连接中亚、俄罗斯市场的多式（multi-model）运输走廊，建设将俄罗斯、中亚、伊朗等丰富的天然气资源运输至南亚的通道。印度2015～2020年的国家对外贸易战略，明确了INSTC在印度与中亚贸易与投资中的重要地位。印政府着重推动的油气管道项目主要有：一是土库曼斯坦—阿富汗—巴基斯坦—印度天然气管道（TAPI），该管线长达1800公里，每年预计输送天然气330亿立方米。二是土库曼斯坦—伊朗—印度管道（TII），可接收土、伊两国丰富的天然气资源。三是伊朗—阿曼—印度天然气管道（IOI），从伊朗的恰巴哈尔港通过海底管道连通阿曼，进而通过海底管道抵达印度的古吉拉特。

最后，加强与中国等新兴能源消费大国的能源合作，确保油气供应稳定及价格合理。印度与中国在稳定中东能源供应方面具有共同利益，印希望加强与中国的战略合作共同维护中东秩序的稳定。另外，中国能源企业在技术、资金方面具有优势，印希望加强与中国能源企业的合作，以共同参与海外能源开发项目。

（二）寻求南亚地区能源治理主导权

印度较为注重促进南亚区域合作并在其中发挥主导作用。印度地理位置上处于南亚地区的中心，为南亚地区唯一的大国，在南亚区域事务中居于主导地位。印度一直视南亚周边小国为其势力范围，尼泊尔、不丹等国水电资源丰富，是其能源电力供应的主要来源。印度主要通过加强与周边小国的双边合作机制及与南盟等的多边合作机制，稳定南亚国际关系，主导南亚区域能源事务，控制南亚小国的能源开发与运输，加强南亚国家之间电力、油气的互联互通。

（三）大力推动可再生能源的长期发展

印度政府要求到 2022 年可再生能源总装机量达到 175GW，其中太阳能 100GW，风能 60GW，生物质能 10GW，小水电 5GW。并致力于在 2030 年前，将非化石能源发电比例提高至 40%。为了实现上述可再生能源发展目标，印度政府制定了“可再生能源购买义务”及

“可再生能源证书”等一系列激励政策。投资可再生能源的企业可享受连续十年的100%免税期，并获得政府提供的补贴。

六　其他国家

除上述世界主要大国外，许多中等强国由于具有丰富的能源储量或处于跨国能源运输枢纽地区，在世界能源地缘政治博弈中也具有举足轻重的地位。

沙特。沙特是世界最大的石油生产国之一，也是OPEC中话语权最大的国家。石油是沙特经济发展的支柱产业，石油战略是其能源战略的最重要组成部分。主要战略目标在于维持较合理的油价，谋取石油收入最大化，保障经济的良性发展；维持石油在世界能源结构中的地位及竞争能力，保持在国际石油市场上有足够的份额，维护其在OPEC中的主导地位并促进提高OPEC的凝聚力，以影响国际石油市场；依托资源优势，加快发展石油下游产业、完善产业链、提高资源附加值，实现本国经济多元化。近年，沙特在美国中东战略中的地位和作用日渐下降，且与美国在伊朗核问题和叙利亚内战问题上产生较大分歧，因而不断加大与中国等发展中大国的能源合作。另外，为减少经济对石油的过度依赖，大力发展天然气产业及可再生能源已成为沙特能源战略的重要目标。

土耳其。土耳其本身能源资源较为贫乏，但其横跨亚欧的地理位置，使其借助油气管线运输枢纽这一抓手在世界能源版图中地位凸显。土耳其不仅西接全球最大的能源消费市场欧盟，还紧邻中东、中亚—里海等能源富集区。得天独厚的地理位置，使土耳其成为这些地区能源外运过程中的关键过境国。[①] 目前，在天然气输送方面，已有连接东部和西部的天然气管道项目——南高加索管道（SCP）项目、巴库—第比利斯—埃尔祖鲁姆天然气管道（BTE）项目和土耳其—希腊（ITG）项目以及正在建设中的“南方天然气走廊”（SGC）项目。[②] 石油方面，土耳其的巴库—第比利斯—杰伊汉输油管道被称为里海石油出口的大动脉。能源运输中转国的优势促使土耳其将能源作为一种得力的政治工具，能源问题为土耳其与欧洲各国谈判加入欧盟提供了筹码。努力构建东西能源枢纽中心，将土耳其打造成世界能源贸易中心是土耳其国家能源战略的重要目标。为此，土耳其在能源战略上致力于完善能源基础设施，包括运输管线、能源精炼厂、能源储存设施、能源终端等，以及建立公开、透明的监管制度和市场。

埃及。埃及在全球油气领域中的战略地位显著，既是天然气出口国，又是能源交通要道，横跨埃及东部的苏伊士运河一直是油轮往返于红海和地中海的主要通道。天然气产业是埃及经济的重要支撑，继续加大天然气勘探开发力度，扩大天然气出口量是埃及能源发展主要方向之一。

① 苏春雨：《横跨亚欧、沟通东西：土耳其的全球能源地位》，共识网，2016 年 7 月 18 日。

② 魏敏：《土耳其的能源大国雄心》，中国石油新闻，2017 年 7 月 11 日，http://news.cnpc.com.cn/system/2017/07/11/001653167.shtml。

埃及非常重视能源方面的国际合作，不断推出油气勘探区块的国际招标，鼓励对旧油井进行技术改造，吸引外国资本和技术以促进本国油气的勘探开发。考虑到油气在埃及经济中的重要支柱地位，埃及政府不断加大对苏伊士运河等重要能源运输通道的建设与保护力度。另外，埃及政府也陆续出台扶持政策大力推动风能、太阳能发展，大力提升可再生能源在其能源结构中的比例。

委内瑞拉。委内瑞拉石油资源非常丰富，是 OPEC 的创始成员国，在全球石油市场中的地位举足轻重。继续加强油田开发和加工能力，增加石油供应，扩大天然气开发和生产是委内瑞拉能源战略的重要内容。为此，委内瑞拉逐步将能源业务向国外、私营部门开放。委内瑞拉能源出口曾长期依赖美国市场，寻求出口的多元化，尤其是增加对亚洲和欧洲的出口量是其能源战略的重要目标。另外，委内瑞拉还与拉美地区国家广泛加强能源合作，提升地区影响力，推进地区能源合作一体化。

哈萨克斯坦。哈萨克斯坦是中亚大国，拥有丰富的油气资源，但基础设施配套不健全，致使国内一部分地区油气大量出口，同时另一部分地区油气消费又必须依赖进口。其能源战略重点在于，积极利用各种能源优势实现“大国平衡”，减少对特定国家的依赖，积极与多个国家开展能源合作，实现出口多元化并尽量争取更大的国际油气市场份额。哈萨克斯坦还尤为注重引进国外油气先进技术，完善能源配套基础设施。另外，油气是哈萨克斯坦国民经济的支柱产业，为确保国家在油气行业领域的主导地位，强化政府的调控能力，哈萨克斯坦正采取措施加强对油气资源的国有化。

澳大利亚。澳大利亚是能源资源大国，多种资源均可以自给自足，并且煤炭、天然气大量出口。扩大天然气出口及实现出口的多元化是澳能源战略的重要内容。为此，澳大利亚政府大力推动液化天然气出口终端建设，同时也尤为重视对非常规天然气资源的勘探开发。面向未来，澳大利亚加快可再生能源的开发利用，推动能源低碳发展。2011 年澳政府发布《确保清洁能源未来——澳大利亚政府气候变化计划》及《清洁能源法案》，提出建立健全国内碳排放交易制度，加大对碳捕获、储存等技术的研发力度。澳政府已设立 32 亿澳元的可再生能源基金和 2 亿澳元的清洁技术创新计划。准备进一步加大对可再生能源开发的投入，到 2020 年，投入资金总额将达 200 亿澳元，以实现 2050 年温室气体排放量比 2000 年减少 60%、2020 年以前减少 5% 的目标。①

第三节 能源地缘政治博弈

一 博弈主要内容与手段

当前世界能源地缘政治呈现出较为复杂的博弈格局。从博弈的主体来看，主要是能源供应国之间、能源需求国

① 李伟伟：《澳大利亚能源战略对我国的启示》，《中国矿业》2015 年 10 月。

之间以及能源供应国与需求国之间的博弈。从博弈的能源对象来看，存在化石能源或可再生能源在世界能源格局中主导权的博弈。从博弈的手段来看，主要是对能源供应、能源运输通道及国际能源市场的控制等。

（一）不同博弈主体间的能源地缘政治博弈

能源供应国的利益主要在于能源价格的高位以及能源出口渠道的稳定畅通，并尽可能实现能源出口对象的多元化。能源消费国的利益主要在于能源供应渠道的稳定畅通以及能源价格稳定合理，并尽可能实现能源进口对象的多元化。能源供应国与消费国均希望维护国际能源运输通道的安全。

为确保能源价格高位的共同利益，能源供应国之间存在较大的能源合作空间，往往通过协调采取较为一致的能源生产政策，形成影响国际能源价格的合力。欧佩克产油国通过联合共同抬高国际石油价格便是较为典型的例子。但能源供应国之间也存在利益冲突并会进行能源地缘政治斗争，这主要表现在对国际能源市场份额的竞争上。能源供应国可通过向国际市场持续大量供应能源商品以挤压其他能源供应国的市场份额，也可通过控制能源输送通道的走向而为本国获取更多能源出口渠道。这不仅以外交手段获取，有时甚至会以军事或军事威慑手段获取。

稳定充足的能源供应对经济持续发展至关重要，是能源消费国国家安全的一个重要组成部分。为确保能源价格合理稳定的共同利益，能源消费国之间也存在较大的合作空间。消费国通过制定一系列国际能源机制，建立战略能源储备，共同应对能源供应减少的危机。发达石油消费国成立的国际能源署在应对石油供应危机中的较好表现，是能源消费国之间能源合作的成功范例。但能源消费国之间的能源关系更多的是对能源供应来源的竞争。能源富足地区往往成为能源消费国之间能源博弈的焦点地区。能源消费国之间通过对能源供应国的政治、经济甚至安全影响以及对能源运输通道的控制竞争能源控制力。相互敌对或冲突的能源消费国之间，往往以减少对方的能源供应作为向对方施压的手段。

能源供应国与消费国的能源博弈焦点在于能源价格。围绕国际能源价格，能源供应国与消费国之间往往进行复杂的政治、经济、外交甚至军事斗争。能源生产国通过联合生产控制等手段维持国际能源价格高位，而能源消费国通过发展新技术和替代能源以及节约对能源的使用等进行能源的需求管理，有时也通过外交手段对能源供应国进行“离间”，从而确保能源价格的合理稳定。另外，能源也是能源供应国与消费国达到政治、经济及外交目的的重要手段，能源消费国以能源出口封锁等制裁手段来打击敌对能源供应国，而能源供应国以能源供应中断等手段来打击敌对能源消费国。

（二）围绕化石能源或可再生能源主导权的能源地缘政治博弈

历史上不同能源种类的主导权往往关乎权力转移和霸

权更迭。当前，传统化石能源利用所带来的环境外部性问题愈发突出，可再生能源技术的快速发展以及生产成本的不断降低，促使国际能源体系的主导权正在朝可再生能源方向发展，可再生能源也逐步成为国际经济新的增长热点。在不同能源种类主导权出现重大变迁之际，世界主要国家主要基于自身能源资源禀赋及能源发展战略，围绕不同能源种类的主导权展开能源地缘政治博弈。这主要表现在，以美国、俄罗斯、沙特为代表的传统化石能源资源丰富的国家维持化石能源在世界能源格局中的主导权，而以欧盟、中国为代表的传统化石能源依赖外部供应或气候环境问题严重的国家大力推动可再生能源在世界能源格局中的主导权。

尽管大力发展可再生能源已成为世界多数国家的重要能源政策，化石能源经济收入仍是俄、沙特等传统化石能源资源丰富国家的国民经济重要支撑，维持化石能源在世界能源市场中的主导地位及确保其化石能源出口利益，是其能源战略的重中之重。美国曾是推动全球气候变化谈判的发起国家之一，其在可再生能源技术、投资、生产等方面均居世界前列。但页岩油（气）技术革命促使美国成为世界最大的化石能源生产国之一，将为美国带来巨大的经济利益及国际能源市场主导权。特朗普上台后，注重传统化石能源之于美国的巨大经济利益，提出美国优先能源政策，倡导大力发展传统化石能源而减少对清洁能源发展的政策支持。特朗普提出释放美国 50 万亿美元未开发的页岩气、石油和天然气储量，以及数百年的清洁煤炭储量的目标，试图通过传统能源行业的复兴增加就业机会、刺激经济发展。[①]

应对气候变化成为全球可再生能源发展的主要驱动力，应对气候变化问题的政策成为俄、美、沙特等国维持化石能源主导地位战略的集中表现。尽管俄罗斯也较为积极地参与全球应对气候变化谈判，但总体上以消极的政策加以应对，并不希望全球应对气候变化谈判得到较快进展。2009年，时任俄罗斯总统梅德韦杰夫曾明确表示，不会以牺牲经济发展为代价减少温室气体的排放，到2020年的增排量将是2009年温室气体排放量的3%。俄罗斯气候问题顾问也曾公开宣称，俄罗斯应该和其他许多国家一样走先增长然后再绝对减排的道路。[②] 特朗普执政后，美国则毫不掩饰其对全球应对气候变化问题的消极态度，取消对应对气候变化问题的资金支持，甚至退出《巴黎协定》。

在应对气候变化及可再生能源快速发展的背景下，国际地缘政治格局演变的驱动力也发生了变化，国际碳排放空间的分配和争夺、低碳技术及新能源技术的竞争、低碳金融和碳市场体系、碳关税和低碳贸易壁垒等新因素正在显著地影响着当今的地缘政治格局[③]。欧盟、中国等国家和

---

① 《特朗普正导演能源政策大戏》，人民网，2017年3月11日，http://world.people.com.cn/n1/2017/0311/c1002-29138086.html。

② 余姝瑶：《俄罗斯对气候变化问题的挑战与应对》，《经济研究导论刊》2012年第5期。

③ 王文涛等：《全球气候变化与能源安全的地缘政治》，《地理学报》2014年9月。

地区在传统化石能源主导的世界能源格局中，面临能源供应安全的巨大压力，在争取国际能源领域话语权方面也处于不利地位。其希望抓住世界能源的低碳、清洁化转型的历史机遇，大力推动可再生能源的普遍开发利用及全球气候变化谈判，力争可再生能源国际市场主导权。

欧盟积极发展可再生能源，制定近期、中期能源战略目标，并为实现目标而制定了能源技术战略、气候和能源政策框架等。同时，欧盟还积极主导和推动国际气候谈判，鼓励其他国家制定相应的碳减排目标，推动低碳发展。从《联合国气候变化框架公约》到《京都议定书》，从《气候行动和可再生能源一揽子规划》到《2050 能源路线图》，欧盟始终积极主导和推动国际气候谈判，试图按照自身利益制定国际游戏规则。欧盟将金融竞争力和气候政策挂钩，通过欧元定价的碳交易，带动欧盟相关的金融服务业发展，并向全球渗透，以全球碳交易中心谋求能源地缘政治优势。

中国对可再生能源发展大力提供政策支持，现已拥有全球最大的可再生能源市场和相对较低的制造成本，也是全球最大的可再生能源投资国，水电、光伏、风能发电等产业发展迅速。中国更是积极推动全球气候变化谈判，高标准地提出中国碳减排目标，紧抓全球应对气候变化的机遇，统筹国内外各种资源和技术转让措施，实现能源结构的跨越式发展。积极地推动建立亚太清洁伙伴等国际机制，谋求在中国形成主要的全球碳交易市场之一。中国高度重视与欧盟的可再生能源合作，共同推动世界能源格局的清洁、低碳化发展。2009 年，中欧先后签署《中欧清洁能源中心财政协议》和《中欧清洁能源中心联合声明》。2016 年双方又签署《中欧能源合作路线图》，将可再生能源合作作为其中的重要内容。

（三）能源地缘政治博弈的主要手段

1. 对能源供应的控制

世界主要大国对能源供应中心持续进行着控制与反控制。传统化石能源具有稀缺性及地理分布的不均衡性，可再生能源不存在枯竭问题，且在全球的分布呈现“去中心化”的特点。因而，对能源供应控制的博弈主要表现在对传统化石能源供应的控制上，其有多种表现形式。首先，大国围绕能源的产地进行角逐以获取能源资源。一方面是政治、军事控制的博弈；另一方面是经济手段的控制，即通过资本运作控制油气田的份额来获得油气资源，从而实现对能源产地的控制。其次是以限制他国出口或获取能源为手段达到地缘政治目的。较为典型的事例是美国对伊朗实施经济制裁以限制其能源出口。20 世纪 90 年代，伊朗、巴基斯坦、印度对建设三国天然气管道（IPI）进行谈判，但美国出于对伊朗进行核武计划的制裁，迫使印度放弃这一管线合作计划。

2. 对能源战略通道的控制

传统化石能源主要依赖海运、管道、公路、铁路等进行运输，可再生能源则主要转化为电以电网输送。能源运输通道成为能源地缘政治博弈的重要对象，尤其是漫长海上运输线中的狭窄通道成为世界主要大国竞相控制的地区。一些具有重要能源地缘战略意义的海上战略通道，如印度洋、波斯湾、地中海、南海以及马六甲海峡、霍尔木兹海峡、苏伊士运河、巴拿马运河等一直是世界海洋强国争夺和控制的重点，围绕其进行的地缘安全博弈更是从地理大发现开始一直延续至今。[①]

世界主要国家均极为重视海上运输战略要道，并增强对其控制或影响力，以维护能源进口运输安全及以此作为遏制他国的战略手段。当前，世界主要海上要道几乎由美国及其同盟体系所控制。长期以来，美国为争夺世界霸权，极力控制海上战略通道和相关的岛屿。美国尤为重视掌控马六甲海峡、霍尔木兹海峡等七大海上战略通道，把它们视为控制环球贸易航线、保障军事补给顺畅、维护能源运输安全的关键。一方面，美国在海上战略通道周边保持强大的海上力量，尤为重视“战略岛”的作用，以“战略岛”为基地，实现全球打击、全球参与、全球到达的战略目的；另一方面，将一些相关国家纳入其安全体系，通过与同盟国的合作实现对海上战略通道的控制。

其他许多大国亦寻求提高在国际海上战略通道的影响力，尤其是能源需求大且对外依存度较高的大国。例如，

① 梁甲瑞：《海上战略通道视角下中国南太地区的海洋战略》，《世界经济与政治论坛》2016 年第 3 期。

印度2009年颁布及2014年修正的《印度海洋学说》（India Navy Doctrine），确定了其海上战略的“东进、西出、南下”的远景目标，即向东，将其活动范围扩大并伸展到南中国海和太平洋边缘；向西，穿过红海和苏伊士运河，濒临地中海；向南，将远洋兵力前伸到印度洋最南端，甚至绕过好望角远达大西洋，逐步将印度的战略利益延伸至西起波斯湾、东至南中国海、南抵非洲的广大海域。并重点提出，印度需具备控制邻近国家海域，在海上军事实力上形成对印度洋地区周边国家的绝对优势，及寻求对霍尔木兹海峡、曼德海峡、马六甲海峡实施不间断控制，战时实施有效的海上封锁的能力。

中国日益成为印度—太平洋地区海上运输通道的重要博弈方。十八大提出了“建设海洋强国”的目标，其重要内容之一便是发展远洋海军，提升西太平洋及印度洋海上能源运输通道的安全保障能力。中国的海洋强国目标并不追求美国式的海权霸权，而是在近海防御的基础上提升远洋反介入能力，以确保中国海上能源运输生命线的安全为限。在西太平洋地区前移海上军事力量投放基地，不断突破岛链封锁。在印度洋地区则通过双边合作获取海上后勤补给基地，为增强中国在印度洋的海上力量提供支撑。

陆上能源运输通道地缘政治博弈与航运通道有所不同。海上运输往往会经过狭窄的海道而易于被海上军事大国所把控，海军实力较弱或距离海上运输要道较远的国家难以形成影响力。因而，海军大国可以通过对海上能源运输通道的控制而对他国进行胁迫。陆上运输通道一方面直接连通使用国，均在利益相关国国境内，利益相关国对其进行安全保障的能力相对于远离国土的海上运输通道要强许多；另一方面陆上能源运输设施往往牵涉多国利益，外部大国对其进行控制或破坏的顾虑自然较多。因而，大国通过对陆上能源运输通道的控制或破坏使他国屈服的可能性较低。围绕陆上能源运输通道的地缘政治博弈主要表现在其路线走向方面的政治外交博弈，而这主要表现在对油气管道线路的博弈上。

油气管道线路的地缘政治博弈主要表现在以美国为首的西方国家与俄罗斯之间以及中、印、日等能源消费大国之间的明争暗斗。长期以来，为保持在中亚—里海周围地区的传统影响，掌握西方能源供应的生命线，维护自身经济利益，俄罗斯始终千方百计将里海能源输出管线走向纳入“北线方案”，主要是向北穿越俄罗斯领土抵达其黑海港口新罗西斯克一线。为控制战略能源生命线，遏制俄罗斯在中亚—里海的传统势力，以美国为代表的西方竭力推崇“西线方案”，即修建从巴库经格鲁吉亚第比利斯直抵土耳其地中海港口杰伊汉的管道。[①] 中印两国作为能源消费大国，在中亚—里海地区的油气管道线路上存在竞争，两国均不断加强对该地区的政治、经济影响力，以推动该地区的向东或向南的油气管线建设。在俄罗斯向东亚输送油气

---

① 余建华：《中南亚能源政治博弈中的大国竞合》，《外交评论》2011 年第 5 期。

资源的管线方面，中日两国也存在路线之争。

3. 对国际能源市场的影响

能源的供需情况、能源价格的变动等直接影响一国的能源利益，因而，对国际能源市场的影响往往成为世界重要国家能源博弈的主要内容。首先，能源价格因直接影响到能源生产国与消费国的经济收益而成为国际能源市场博弈的核心。世界主要国家主要通过军事、金融、技术及结盟合作等手段对国际能源价格进行影响。20 世纪 70 年代前，美欧石油“七姐妹”控制了中东地区绝大部分的石油生产的上、中、下游产业链，从而主导了国际石油市场的定价。70 年代后，中东主要产油国加强政策协调，成立石油输出国组织，以集体的力量，通过提价、参股、国有化、禁运等措施一定程度上夺回了石油定价权。之后，美国等发达国家通过分化中东产油国，对沙特等石油生产大国施加影响以及对石油期货市场进行操控，主导国际石油定价权，从而推动石油价格上升或下降对石油进口国或出口国进行打击。

值得注意的是，能源尤其是石油的金融属性较为突出，通过能源金融衍生品基本上可以掌控石油等能源价格形成的主动权。能源产业发展产生了多元化的金融服务需求，促进了金融业的创新与合作，同时随着国际金融市场的迅速发展，能源金融化趋势日益突出。尤其是期货市场诞生后，能源逐渐脱离商品属性，进一步凸显金融属性。能源的金融属性体现在能源现货市场与金融衍生品市场的相互作用、相互影响的演进过程中。当前，以美国为首的西方发达国家垄断着全球主要能源交易市场。国际能源金融场内交易市场主要包括纽约商品交易所、伦敦国际石油交易所和东京工业品交易所。其中，纽约商品交易所的能源期货和期权交易量占全球能源场内衍生品交易量的一半以上。石油等能源资源产品价格在西方发达国家投机者的操纵下，严重脱离供需基本面，能源价格波动性增大。

全球石油金融市场交易几乎全部以美元定价。世界上交易量最大、影响范围最广的西德克萨斯中质原油（WTI）和伦敦布伦特原油（Brent）相关产品均采用美元计价，导致场外能源金融品的交易也几乎全部以美元计价。石油以美元计价的历史由来已久，早在 20 世纪 70 年代，美国与沙特签订的一系列协议便要求沙特出口石油全部以美元计价。从 20 世纪 80 年代两伊战争开始，欧佩克成员国之间的长期分歧使得美元进一步统治了欧佩克的石油标价权。石油的美元本位制建立在美国一系列的战略布局和金融发展基础之上，几乎不可动摇。[①] 而石油广泛以美元进行定价，使得美国可以通过其金融政策的变动影响国际石油价格的波动。

其次表现为对国际能源市场份额的竞争。能源生产国可通过持续大量向市场增加能源供应，压低能源价格以打击其他能源生产国。近年在国际油价持续低迷的情况下，沙特坚持石油不减产，其重要目的之一便是以低价石油打

---

① 中国银行国际金融研究所课题组：《全球能源格局下我国的能源金融化策略》，《国际金融研究》2012 年第 4 期。

压美国等地的页岩油以维持其市场份额。多数能源生产国也寻求能源出口多元化，通过占有多个能源出口市场以稳固其能源出口份额，提升其议价能力。能源消费国对国际能源市场份额的竞争，则主要表现为在能源富足地区的能源开发权的竞争。

再次是在全球应对气候变化问题的背景下，碳排放空间的争夺成为新的影响国际能源市场的重要手段。不同的国际碳减排方案，意味着不同的碳减排空间分配，也就对应着不同的利益分配。今后，发达国家和发展中国家围绕碳排放空间的争夺将日趋激烈。发达国家和发展中国家内部，也会因不同的碳排放空间分配方案展开竞争和博弈。[①] 碳减排的政治博弈主要表现在发达国家与发展中国家之间，体现了南北发展的矛盾，主要分歧点在于气候变化的责任、财政援助和技术转让等问题。发展中国家要求发达国家在应对减缓全球气候变化、减少温室气体排放方面承担更多的责任和义务，并要求发达国家能够在技术输出与资金输出上提供更多帮助。而发达国家主张发展中国家承担相同的责任，并在技术与资金输出上态度消极，以期通过压缩发展中国家的碳排放空间遏制其经济发展。

碳金融是碳政治博弈的重要手段。2005 年《京都议定书》正式通过催生了二氧化碳排放权的交易，形成了融资

① 王礼茂、牟初夫、陆大道：《地缘政治演变驱动力变化与地缘政治学研究新趋势》，《地理研究》2016 年 1 月。

潜力巨大的“碳市场”，在碳市场上二氧化碳排放权可以像普通货币那样自由买卖，并能与国家货币进行一定比率的转换。欧盟与日本等国家和地区敏感地发觉到了“碳排放权”上金融资产的潜质，提出了“碳本位制”的概念。[①] 欧盟与日本拿出与本国货币之间挂钩的“碳本位制”，试图以国际碳交易为手段提升其货币的国际影响力。

碳关税和低碳贸易壁垒成为地缘政治博弈新手段。在全球碳减排的背景下，美、欧等发达国家和地区企图借助其经济、贸易实力以及在新能源和低碳技术领域的优势，在碳减排的道义之下，通过碳关税等低碳贸易壁垒，提高本国或地区产品竞争优势。[②] 一方面为本国或地区的新能源产业拓展全球市场，另一方面推行低碳贸易保护主义，保护国内市场，打压新兴市场国家的出口。

二　世界主要地区的能源地缘政治博弈

（一）中东地区的能源地缘政治

中东地区拥有丰富的化石能源，尤其是石油。同时，中东地区又是世界上政治格局最复杂、社会最动荡的地区之一。世界主要大国均对中东石油具有较大的依赖，高度重视中东地区政治安全局势，中东地区因而长期是世界能

---

① 苗阳、鲍健强：《国际碳博弈研究与中国对策》，《中国名城》2011 年第 1 期。

② 黄河、赵仁康：《低碳经济与国际贸易规则的重塑》，《外交评论》2010 年第 5 期。

源地缘政治博弈的焦点地区。而中东地区内的政治、宗教冲突又进一步加剧了该地区的能源地缘政治冲突。美国在该地区能源博弈中长期发挥主导作用，中东石油输出国也凭借石油武器获得较大国际政治权力。但随着页岩油（气）革命的到来，中东地区在美国能源战略中的地位出现下降趋势，中东石油输出国开始寻求新兴能源市场，中印等新兴市场国家对中东的地缘政治影响逐步增强。中东地区能源地缘政治博弈在域外大国之间、域外大国与中东产油国之间以及中东国家之间均有所表现。

（1）域外大国在中东地区能源地缘政治博弈的显著特征是，美国、俄罗斯是中东地区能源地缘政治博弈的主要棋手，欧盟、日本及中国、印度参与其中。

美国长期寻求并维持其在中东地区的主导地位，排斥其他大国尤其是俄罗斯的势力。美国在中东地区的地缘政治政策或多或少都与控制该地区的石油资源相关。对于美国来说，通过掌控中东地区的石油资源，美国不但可以保证自身的石油消费，更重要的是可以遏制其竞争对手的发展，进而维护美国在世界的领导地位。首先，美国通过在该地区维持强大的军事存在，直接通过军事手段，达到对中东地区产油国的控制。其次，石油美元是美国维持中东地区能源主导权的重要支撑。美国通过与沙特阿拉伯的协议，使欧佩克承诺只用美元为石油定价。这使得所有石油进口国对美元都产生了依赖性需求。美国通过向中东开放金融市场、接受石油美元存入美国银行、购置美国不动产、投资美国证券和购买美国国债等方式吸收石油美元资本，达到使美国输出的“石油美元”顺利回流的目的。通过与中东产油国建立这种石油需求与石油供给、石油美元和石油物资、美元流出和美元回流的相互依赖的关系，美国凭借其美元金融的垄断地位达到控制中东石油资源的目的。[①]再次，通过推动中东民主化改造，在中东培植亲美政权，控制中东国家的石油政策。为此，美国先后提出了“美国—中东伙伴关系倡议”和“美国—中东自由贸易区”等政策。通过经济援助，以自由贸易手段变革中东国家的经济制度，将经济援助与人权、民主挂钩，强迫受援国接受美国的民主价值观，进而引发中东一些国家上层建筑的变革，最终达到全面改造中东的目的。

随着页岩油气技术的突破，美国或将在不久的将来成为能源净出口国。对美国而言，中东油气资源逐渐从维持美国国内供给的刚性需要转变为美国控制国际油气市场的需求，后者在战略中的重要性明显不如前者。[②] 但这并不意味着美国将放弃其在中东地区的主导权。美国仍需要从中东进口的石油以及通过石油与美元挂钩产生的利润。另外，保护盟国在中东的石油利益作为美国在该地区的重要利益并未改变，这是美国吸引盟友并与其形成利益共同体很重要的措施和手段。因而，美国在继续保持自身影响力，确

① 孔祥永：《地缘政治视角下的美国石油安全战略》，《世界经济与政治》2012年第3期。

② 许勤华：《后石油时代的中东新地缘政治博弈》，2013年9月23日，http://finance.china.com.cn/roll/20130923/1828768.shtml。

保这一地区不被其他大国所控制的同时，减少本身的战略投入，而更多让其盟友尤其是中东地区的盟友沙特、以色列等国发挥作用。

俄罗斯是美国在中东地区的最大战略竞争对手。总体上，俄罗斯在中东地区的战略目标是：视海湾地区为“能源伙伴”，积极参与其油气开发和加工，为其提供油气开采设备。利用能源领域的合作加强与海湾国家的关系，积极参与中东事务，打破美国对中东能源的垄断局面，提高俄罗斯的国际影响力。[①] 政治上俄罗斯积极参与中东事务，保持与主要能源大国的联系。尤其是加强与伊朗等国的合作，与美国在战略上进行博弈。在伊朗核问题上，俄罗斯不顾美国反对，坚持与伊朗发展核能合作，帮助伊朗建造核电站，而且反对国际社会对伊朗核问题的制裁；经济上则积极参与中东石油的开发，抢占市场份额，尤其是在伊朗遭到经济封锁的情况下参与伊朗油田的开发；俄还在中东大力推销“天然气欧佩克”理念，希望建立一个类似于欧佩克的天然气输出国组织，推动天然气出口国协调彼此的行动。“天然气欧佩克”一旦成立并发挥作用，将极大地提升俄罗斯的国际能源话语权。

欧盟、日本对中东能源有较大依赖，其总体上追随美国战略以获取能源利益，与美中东政策高度配合，助推中东国家的民主化改造，并加强与中东产油国的经济合作。

---

① 李兴：《美俄中东能源战略比较分析》，《国际观察》2009 年第 4 期。

中国、印度等新兴市场国家也比较依赖中东能源供应，经济层面上在中东地区发挥重要影响，政治影响力也呈上升趋势。在美国既要抽身中东又要维持其主导权的战略背景下，美国对中、印等新兴经济体介入中东事务的政策有所松动，认为新兴经济体国家在不威胁其主导权的情况下可在中东地区承担安全责任。中、印两国均不断加大对中东地区的政治、经济投入，但与美国式的以军事为后盾干预中东国家内政、外交的手段不同，中、印两国均不全面介入中东地区安全事务，不寻求军事影响，而主要是与各产油国发展良好的政治关系，并加强能源合作，加大在该地区的能源投资力度以提升影响力。同时，中东产油国在对美国等国出口额下降的情况下，出口战略重心向东方转移，寻求新兴能源市场，与中、印等新兴经济体的能源合作关系迅速升温。另外，中东国家也在大力发展可再生能源以减少经济对石油出口的依赖。中、印等国紧紧抓住这一机遇，增强与中东国家的可再生能源技术合作，并增加在可再生能源领域的投资，走在了美国及欧盟等发达国家和地区的前列。

（2）域外大国与中东产油国间能源地缘政治博弈的主要特征为，以美国为首的西方发达国家与以中东产油国为主的欧佩克间围绕国际石油价格的斗争。

欧佩克长期凭借石油武器，通过协调成员国石油政策影响国际石油价格，运用提高油价、减产、禁运等手段与西方大国抗争，打破了西方石油公司对石油定价权的控制，保障了自己在石油生产链中的利益，获得较大国际政治权力。削弱、操纵或控制欧佩克组织是美国的中东能源政策的重要目标。美国对欧佩克成员国家区别对待，力图分化瓦解该组织的合作根基。当美国与欧佩克在石油市场上协调出现困难时，便往往利用与沙特等欧佩克成员国的特殊关系，制造欧佩克内部分歧与矛盾，以削弱欧佩克协调石油政策的能力。同时，在中东地区阿拉伯世界外围，扶持以色列这一亲密盟友。以色列重要的战略地位扼住了波斯湾欧佩克国家的石油出口管道，并且以色列威胁的存在使得沙特、科威特等中东产油国不得不依赖于美国的军事存在来保证自身的安全。①

（3）中东区域内国家间的地缘政治矛盾及国内政治社会动荡是该地区能源地缘政治的重要影响因素。

沙特、伊朗、以色列等地区强国间的相互制衡是中东区域内地缘政治的主要表现，主要存在以沙特为首的逊尼派国家与以伊朗为首的什叶派国家间的矛盾及阿拉伯国家与以色列间的矛盾。沙特和伊朗领导的国家集团间的对抗尤为突出，矛盾不断激化，在也门、叙利亚、伊拉克等问题上展开较量，成为影响地区政治格局的主要区域内因素。极端组织“伊斯兰国”的崛起进一步搅乱了中东地区政治生态。另外，中东民主化进程带来的社会动荡的风险将是中东地区安全及能源供应稳定的长期隐患。2010 年底起，

① 金赟：《石油地缘政治——中东篇》，石油观察网，2016 年 2 月 11 日，http：//www. oilobserver. com/history/article/1981。

阿拉伯国家发生了一系列以民主和经济等为主题的反政府运动，爆发了“阿拉伯之春”，影响中东许多国家的政治局势，导致各国普遍政治脆弱化。

（二）中亚—里海地区的能源地缘政治

中亚地区连同阿塞拜疆、伊朗、俄罗斯等其他里海沿海国家，构成了通常所指的中亚—里海地区。中亚—里海地区油气资源十分丰富。该地区的原油及天然气管道存在北线、西线、南线及东线四个方向的线路之争，四个方向的线路分别代表了俄罗斯、美国及西方联盟、伊朗和巴基斯坦及印度、中国几个国家的利益倾向。各大国主要围绕该地区能源运输管线走向及油气资源开发权展开博弈，呈现出美俄中主导、多方参与的能源地缘政治竞争格局。美俄中亚争夺是战略性矛盾，相互间具有明显的对抗性，但中俄、中美间战略矛盾在中亚并不明显，中国进一步提升在该地区的能源影响力的空间较大。美、日、印等国在该地区的能源领域存在较多合作关系。

俄美战略竞争是中亚—里海地区能源地缘政治的主要特征。俄美博弈首先表现在两国在该地区的政治军事影响较量。中亚—里海地区是俄传统势力范围，俄在该地区驻有强大军事力量，且中亚国家外交政策多受俄影响较深。冷战结束后，为向北遏制俄罗斯，往东威慑中国，南下防范伊朗，美国逐步增强在中亚—里海地区的政治军事影响。阿富汗战争后，美国军队借机进驻中亚，在乌兹别克斯坦、塔吉克斯坦、吉尔吉斯斯坦等中亚国家建立军事基地，增加了中亚地区的民主救援与政治革命，以及通过“反恐战争”和“颜色革命”及连锁效应侵蚀俄罗斯在中亚地区的政治影响力。

中亚地区身处欧亚大陆地理中心，而里海更是地处中亚的腹地，因此油气资源的外运途径便成为该地区经济命脉，成为俄美博弈的焦点。苏联通过“中亚—中央”天然气管道控制着中亚的天然气资源。苏联解体后，俄罗斯指出发展与独联体国家的关系是俄罗斯外交的优先方向，以争取中亚—里海油气管道过境俄罗斯，掌控向欧美的出口，优先利用俄罗斯现有的运输设施增加巴库—新罗西斯克的运输能力，维持在欧盟天然气供应中的垄断地位，扼制欧美建设绕过俄罗斯的能源进口通道①。目前，中亚天然气管道和穿越里海的天然气管道等欧洲能源走廊的重要组成部分大多在俄罗斯的掌控之中。美国在中亚能源地缘政治的博弈主要体现在确保巴—杰管线石油供应充足和推动土库曼斯坦—阿富汗—巴基斯坦—印度天然气管道（TAPI）建设②。巴—杰管线大大提升了美国在中亚地区争夺能源的竞争优势，打破了俄罗斯对中亚国家的“中亚—中央”油气资源运输的垄断控制。美国还主张“新丝绸之路”计划，推动出口到南亚的南向油气运输，牵制俄中等国与中亚的

① 杨宇、刘毅、金凤君：《能源地缘政治视角下中国与中亚—俄罗斯国际能源合作模式》，《地理研究》2015 年 2 月。

② 潘志平：《中亚地缘政治现状分析（2008 ~ 2009）：相互交织的大小“博弈”》，《新疆师范大学学报》（哲学社会科学版）2010 年第 2 期。

油气合作。但总体上，俄方仍控制着绝大多数的中亚—里海油气出口管线，该地区仍主要取道俄罗斯的黑海港口把油气运送到欧洲市场，短期内该地区的能源输出依然无法摆脱对俄的依赖。

能源市场方面，俄罗斯积极鼓励其国家石油天然气公司参与哈萨克斯坦、乌兹别克斯坦等国油气资源的勘探、开发和加工，并且推动中亚油气资源企业重组；高价收购土库曼斯坦、哈萨克斯坦以及乌兹别克斯坦用于出口的天然气，实现价格垄断。俄提出构建欧亚联盟以推动与中亚—里海国家的一体化，并呼吁成立独联体天然气联盟以协调各国能源市场政策。美国国际石油巨头凭借资金、技术等优势获得了中亚多个油田的勘探和开采权，其中以加州联合石油公司、埃森克美孚、雪佛龙德士古等石油公司最为活跃。

中国日益成为俄美之后中亚—里海地区最有影响力的能源地缘政治棋手。中国长期将中亚—里海地区视为其能源进口的重要来源地，以地理临近的优势不断加强与该地区国家的能源合作，确保西部境外丰富的油气资源和其他大宗商品供应渠道的畅通。中国与该地区国家的政治关系日益密切，双方高层互访频繁，增强了团结互信与平等。中国已成为哈萨克斯坦、土库曼斯坦最大的贸易伙伴，乌兹别克斯坦、吉尔吉斯斯坦的第二大贸易伙伴，也是中亚地区最大的投资国之一。尤其是“一带一路”倡议提出之后，中国更是全方面加强了在该地区的经贸合作和经济援助，设立合作发展基金，重点通过购买股权、投资能源基础设施等手段获取能源资源，已成为占据该地区能源市场份额最大的国家之一。另外，中国推动和主导成立的上海合作组织，成为中国与中亚国家间重要的多边合作平台，相关制度的规范性作用对中亚国家的能源政策也产生了重要影响。

欧盟、日本、印度等作为能源消费大国和地区，亦是极为注重增强在中亚—里海地区的能源影响力。欧盟在该地区的能源战略核心在于，试图分散天然气过于依赖俄罗斯的局面，提倡建立天然气供应竞争保障机制。日本注重在中亚地区能源矿产领域的投资，利用自身技术优势参与石油化工、油气精炼、设备制造等项目的国际竞争，以此达到控制中亚市场份额和影响能源产品价格的目的。[①] 印度则与哈萨克斯坦、乌兹别克斯坦以及阿塞拜疆等国建立稳定合作关系，与俄罗斯保持良好合作，积极推动中亚油气资源南向运往南亚的管道及港口等基础设施建设。但总体上，欧盟、日本、印度等无论是在政治影响还是能源市场份额方面，在该地区的影响均无法与美、俄、中等国相比，在能源地缘政治博弈中只是参与者角色。但随着中亚国家能源出口多元化战略的进一步实施，欧盟国家与日、印等国在该地区的能源事务影响力有进一步增强之势。

区域外大国在该地区的能源地缘政治博弈中存在复

① 王思羽：《日本的中亚能源参与策略》《新疆广播电视大学学报》2016 年第 1 期。

杂的对抗、合作关系。美俄博弈是主要矛盾。美国希望通过中亚和南亚的地区合作，使中亚进一步开放并融入美国主导的国际社会，彻底结束俄罗斯在中亚的传统支配地位，进而最终控制中亚的油气资源。而当前俄罗斯把国家复兴视为首要目标，恢复俄对包括中亚在内的独联体国家的影响力是俄罗斯外交的优先方向。中俄、中美博弈次之，且对抗性不甚明显。中俄在中亚地区的能源经济方面具有一定的竞争性，但俄并不将中国视为其安全威胁，一定程度上还倚重中国在战略上制衡美欧。中美战略矛盾焦点在太平洋地区而非中亚，中美都希望基于市场原则实现油气生产和运输的多元化，具有合作空间。

在中亚—里海地区能源地缘政治博弈中，美、日、印等国存在较多合作关系。美、印两国在推动该地区能源资源向南通过阿富汗向南亚输送，以减少对中国的能源供应方面存在共同利益，TAPI 管道便是美印共同推动的项目。印将日本视为在中亚开展能源合作的重要伙伴，希望通过加强与日本在中亚地区的协调，形成印、日及中亚国家三边合作能源机制，充分利用日本的融资实力，补印度之短板，以增强其在中亚地区获取能源资源的竞争力。

中亚—里海地区国家间的地缘政治矛盾及各国的能源政策走向，是该地区能源地缘政治的重要影响因素。该地区许多国家间存在领土争端及水资源利用等矛盾，这是该地区较大的不稳定因素，成为该地区能源供应的隐患。另外，该地区许多国家出于能源出口多元化及自身国家安全考虑，对俄罗斯的离心倾向不断增强，积极密切与域外其他大国的友好合作关系，不仅吸收更多的来自美、中、日、印等国家的能源投资，也积极合作建设通往中、印等国的油气管道，在很大程度上促进了域外大国在该地区能源地缘政治博弈的均衡化发展。

（三）亚太地区能源地缘政治

亚太地区已成为全球能源消费中心，区域内主要国家能源消费需求大，能源资源的获取及运输安全成为各国的主要能源关切。该地区成为世界能源供应国竞争的主要能源消费市场，对海上能源运输通道的控制以及海上油气资源的争夺也是该地区能源地缘政治博弈的重点。亚太地区形成了由美、俄、中、日、印等主要力量组成的战略博弈格局。其中，美国凭借其在该地区的同盟体系及对能源运输通道的军事控制而居于主导地位。该地区各国在能源争夺的同时进行能源合作的潜力较大，由于中、日两国对合作主导权的争夺，东盟得以引领该地区的能源合作。但随着中国“一带一路”倡议的全面展开，中国主导该地区多边能源合作的趋势愈加明显。

亚太地区为世界能源消费重心，是世界能源供应国竞相抢占的主要能源市场。长期以来，中东产油国是亚太地区主要能源供应来源，但其市场份额正逐步受到俄罗斯及美洲等国家和地区的挑战。俄罗斯将东亚作为其能源出口的重要市场，提升在东亚地区的能源市场份额是其主要能源目标，包括发挥东西伯利亚和远东地区资源潜力，建立面向亚太能源市场的石油、天然气、煤炭工业中心，发展石油和天然气管道、供电线路、地下储气库和加油站等能源运输和配送基础设施，建立全方位辐射东北亚的石油、天然气、电力资源的区域能源配送系统。[①] 受页岩油（气）革命影响，美国进口拉美的石油量大幅下降，越来越多的拉美产油国正加大对亚洲的石油出口力度。2013 年，中国首次超越美国成为巴西石油的第一大进口国。

天然气日益受到亚洲消费市场的青睐。中国、印度、日本、韩国等亚太国家具有庞大的天然气进口需求，且有持续增长趋势。预计 2030 年，亚太地区消费 LNG 3.15 亿吨/年，占全球消费量的 70%。页岩气革命将促使美国成为天然气净出口国，美国已于 2016 年首度向亚太地区出口天然气，亚太将成为美国天然气出口的主要市场之一。另外，随着经济制裁的逐步减轻，伊朗有望成为亚太地区天然气重要供应方，美、俄、伊以及卡塔尔等国将在亚太地区天然气市场展开激烈博弈。

控制海上能源通道的地缘政治博弈是亚太地区能源地缘政治的重要特征。美国在印度洋及西太平洋海上能源运输通道安全方面占有主导地位，其通过在日本、韩国、新加坡、迪戈加西亚岛等地的军事基地，保持着对该地区海

---

① 刘涛、刘清才：《俄罗斯亚太能源战略与中俄能源合作》，《黑龙江社会科学》2014 年第 2 期。

上能源运输通道的军事控制。日、韩等国则主要依托与美国的同盟关系及与印度的海上安全合作，确保作为其能源运输生命线的海上通道安全。为确保印度洋海上能源运输安全，中国不断增强在印度洋区域的影响力，加强与沿岸国家的经济、安全合作，谋求海军后勤补给基地，增强在该地区的军事影响力。此外，南海地区也是中国能源进口的海上交通要道。中国加强南海吹沙填海，推动军事力量在南海岛屿的前沿部署，是维护南海地区能源运输通道安全的一种策略。印度则利用其地理优势，不断加强海上军事力量建设，遏制中国在印度洋海上安全方面的力量发展。

亚太地区能源消费国间就能源资源展开的地缘政治竞争较为激烈。相关各方积极争夺有争议的油气资源，如南中国海和东海的油气资源。南中国海是东亚内部最易因油气资源发生争端的海域。该争端最为复杂，牵涉的周边国家或经济体众多，包括中国大陆、菲律宾、马来西亚、印度尼西亚、文莱、越南和泰国等。南中国海的油气之争是“南海问题”的一部分，与领土、主权之争的联系非常紧密。以地缘政治的视角来审视，中日钓鱼岛之争背后闪现的是能源资源之争。钓鱼岛争端是美国在地缘政治上掌控中、美、日三边关系的一枚棋子，具有重要的地缘战略价值。美国对钓鱼岛问题一直高度关注并操控事态发展，借以维持日美军事同盟关系、拉住日本配合美国亚太再平衡战略、遏制中国崛起。

从权力格局来看，美国在亚太地区的能源地缘政治博弈中居于主导地位。东亚能源不安全的形势，为美国开展能源外交提供了条件。与美国相比，东亚油气供应更为依赖中东地区，能源安全更为脆弱。同时，美国又拥有切断东亚能源供应的能力和手段。因此，当美国国家利益受到威胁，或为了获取更大的其他利益时，美国在东亚地区实施能源外交的可能性始终是存在的。[①]美国有可能开展包括封锁海上能源通道，要求主要油气生产国中断对东亚油气供应等能源外交，以此胁迫东亚各国就范。即使这些手段对美国及东亚国家都有不利影响，但这种影响却是不对称的，东亚遭受的打击可能会远远大于美国。随着美国逐步成为能源净出口国，不断加大亚太地区国家对其能源进口的依赖，其在该地区开展能源外交获取主导权的实力将进一步加大。另外，美国在亚太地区拥有庞大的同盟体系，可通过与日本、韩国及新加坡等同盟国的政策协调，在亚太区域能源合作机制中提升影响力，亦可通过对亚太同盟国的政策影响，强力介入地区内海洋资源开发。

中国的影响力不断上升，形成与美国势力均衡之势。中国不断通过外交、军事等手段增强对印度洋及南海的海上能源运输通道安全的影响力，同时加强陆上能源运输通道的建设，以提升其能源运输安全。同时，中、俄两国能源合作不断加强，这进一步降低了中国能源供应安全的脆

① 罗振兴：《美国与东亚能源安全》，《美国研究》2008 年第 3 期。

弱性，也为中国推动东北亚能源共同体建设提供了条件。在密切的经贸关系的基础上，中国在东盟国家的政治影响力在不断上升，为中国推动亚太更广泛的区域能源合作机制提供了重要基础。日本注重强化美日军事同盟关系，依托美国确保其对印度洋及西太平洋的海上能源通道的军事控制，推动建立亚洲能源共同市场。印度加强海上军事力量建设，谋求对印度洋的军事控制，以及通过与越南等东南亚国家的合作介入对南海海洋资源的开发。印、日两国与美国共同合作推动建立以能源合作为重要内容的亚洲经济走廊，提升在亚太地区能源事务的影响力，印、日两国发起了组建 LNG 进口国集团的倡议，希望形成亚洲 LNG 联盟，[①] 两国还提出建设“自由走廊”，意欲打通亚太与非洲，以平衡“一带一路”影响。

事实上，东亚能源合作基础广泛，潜力巨大，各国在能源方面有诸多互补之处。日本资金和技术优势明显，战略石油储备体系完善，石油精炼能力很高，特别是在核电、节能、环保、开发新能源等方面，技术先进，经验丰富。中国拥有较为丰富的专业人力资源，在油气勘探、基础设施建设等方面具有技术优势。韩国在节能、市场运作等方面也有诸多可以合作的地方。东亚各国在能源消费结构和能源供应、运输渠道上大致相同，为东亚各国能源合作奠定了有效基础。且中、日、印、韩等国均对国际能源价格

① 《日印拟发起组建 LNG 进口国集团》，《中国能源报》2013 年 09 月 16 日第 11 版。

影响力不足，存在通过相互合作应对能源“亚洲溢价”问题的共同利益。但东亚能源合作目前仍处于起步摸索阶段，面临诸多障碍：首先是经济实力、政治意识形态的差异；其次是冷战思维、历史遗留问题的阻碍，使得东亚区域缺乏互利、共赢、协作的指导思想，从而不具备超国家的协调机制与管理机构；再次是美国“亚太再平衡战略”对东亚合作的干扰，分化了地区合作的“向心力”。

另外，中、日两国作为区域内综合国力最强的两个大国，均积极推动亚太地区的多边能源合作。由于两国长期存在主导权之争，东盟成为目前该地区能源合作的引领力量。当前该地区多边能源合作的重要机制均由东盟组织和主导，通过“东盟+1”、“东盟+3”以及东亚峰会等区域合作机制，形成以东盟为中心的亚太区域合作网络。东盟与中、日、韩三个地区大国均保持着良好的政治经济关系，在区域合作中发挥着协调三国政策的重要作用，引领着亚太区域合作的议题设置、机制建设等。

随着中国“一带一路”倡议的全面推进，中国在亚太区域能源合作中的主导作用日益增强。在“一带一路”框架下，亚太地区能源基础设施开始出现互联互通的大趋势。中国倡导的“一带一路”能源合作不仅服务于中国的能源利益，也保障了亚太其他能源消费国的能源安全，同时也促进了能源供应国的出口多元化，在区域内得到了广泛支持。为促进能源互联互通的投融资，中国进一步主导建立了丝路基金、亚投行等，日益紧密的能源投资与贸易关系大幅增强了区域内能源合作。中国在APEC机制内的能源合作议题设置能力增强，也逐步成为区域全面经济伙伴关系（RCEP）主要推动者，同时倡议亚太自贸区建设，增强了在区域能源贸易、投资领域的规则制定权。尤其是，中国凭借庞大的可再生能源市场及相关的产业、资金、技术等优势，在亚太区域内不断提升清洁能源议题的重要性，成为推动区域低碳、绿色能源格局发展的主要力量。中国可进一步完善“亚洲能源一体化”概念，并借助已有多层次地区合作机制，与亚洲新安全观等战略概念相融合，创建中国与其他国家共同提供地区公共产品、维护能源安全的新模式，推进新地区主义与合作的发展。[①]

（四）非洲地区的能源地缘政治

非洲地区油气资源丰富，占世界总产量比重约为10%，且勘探程度相对较低，具有发现世界级大型、超大型油气田的巨大潜力。2012年国际能源署经济学家甚至估测，未来10年，全球石油产量90%以上的增长将来自西亚北非地区。[②] 非洲巨大的油气储量和产量引起世界各国的勘探开发热潮，在世界能源市场的重要性正与日俱增。

美、欧、俄、日以及中、印等新兴市场国家均较重视在非洲的能源资源的开发，成为该地区能源地缘政治博弈

---

① 唐新华：《亚洲能源一体化“一带一路”能源互联互通的前景探析》，《开发性金融研究》2017年第3期。

② 《IEA：今后10年石油增产来自西亚北非》，新华网，http://news.xinhuanet.com/politics/2012-01/18/c_122602738.htm。

的重要参与者。但与中东地区有所不同，非洲地区的能源地缘政治并没有表现出明显的主导者。美国是在非洲政治安全事务中最具影响力的域外大国，亚太新兴市场国家在非洲地区的能源资源开发中的影响力不断提升，甚至超越了西方发达国家。该地区的能源地缘政治博弈主要表现为各大国尤其是新兴市场国家间的市场竞争。尽管非洲能源资源日益受到各大国重视，但该地区总体上尚未成为中东那样的能源地缘冲突的焦点。主要是因为非洲在地理位置上距离世界各大国较远，且非洲作为能源出口地区的地位仍无法与中东、中亚、俄罗斯等地区相比。

美国主要以反恐及促进非洲国家民主化为名在非洲地区加强军事存在及政治影响力，以此确保其在该地区的能源经济利益。美国近年加大了对非洲军事基地的建设与维护，并介入非洲国家事务推动各国民主化。美国在非洲提出“安全治理倡议”，旨在帮助肯尼亚、尼日尔、突尼斯等国打击恐怖主义和有组织犯罪，提供安全能力建设资金，助其建设强有力的职业化安全部队，还提出“非洲维和快速反应伙伴计划”，帮助非洲国家军队培养快速部署维和人员的能力。①

美国在进入 21 世纪以来不断加大在非洲地区的投入，主要通过经济援助及合作的方式获取能源资源开发利益。欧洲多国曾是非洲国家的宗主国，其一定程度上视非洲

① 黎文涛、王磊：《非洲地缘政治重组与安全评估》，《非洲发展报告 No. 17 (2014～2015)》，社会科学文献出版社，2015。

（主要是北非）为其后院，利用地缘及文化优势，通过经济合作攫取在该地区的能源经济利益。俄罗斯不断加强与非洲国家的能源合作，希望与阿尔及利亚、安哥拉和利比亚等欧佩克成员国合作以稳定石油市场。阿尔及利亚、尼日利亚等国也是天然气储量大国，俄希望联合这些国家，建立类似欧佩克的天然气卡特尔，提升其在国际能源领域的话语权。另外，俄政府也鼓励俄能源企业加大参与非洲能源开发、加工合作项目的力度。

但总体上新兴经济体国家在非洲的能源竞争中的表现优于美、欧、俄等国家和地区。一方面，美欧等对非洲的经济援助或合作往往附带政治条件。新兴市场国家有资金优势，有与非洲类似的发展经验，且不对非洲国家政治“指手画脚”。另一方面，巨大的能源需求迫使新兴经济体国家寻求能源供给来源多元化，在全世界范围内寻找能源，其战略上对非洲能源资源的重视程度要远高于欧美发达国家。中国和印度是抢占非洲能源市场最为典型的新兴市场国家。

结合企业“走出去”战略，中国不断加强与非洲国家的经贸关系，成为非洲的最大贸易伙伴国之一。同时，中国将与非洲国家的经贸合作重点放在能源领域，加强对非洲能源合作国的技术支持和资金援助，加强中非政府间能源对话。早在 2000 年，中国便与非洲国家一道成立中非合作论坛，以此为依托，特别是其中的“中非发展基金”等机制，中国在新兴市场国家中率先推出与非洲国家“一揽子合作”的模式，在能源资源开发的同时，帮助东非国家发展交通基础设施，并致力于打造东非本土的能源上下游完整产业链，逐步成为非洲能源资源开发的领头羊。中国在加强与非洲国家油气合作的同时，在可再生能源开发及能源电力合作方面也走在了世界前列。非洲电力供应短缺，撒哈拉以南非洲（南非除外）的人均用电量仅为年均 124 千瓦时。2001～2010 年，中国成长为非洲基础设施的最大融资者，占到融资总额的 34%，其中超过 50% 的基础设施投资用于发电和输电。[①] 从 1990 年到 2014 年，撒哈拉以南的非洲国家中共有 34 个中企投资的电力项目，这些项目的发电容量达到了 75000 兆瓦，其中大部分是水电项目。[②] 随着中非政治、经济合作的深化，中国逐步成为非洲能源市场的主导性力量，但同时也遭到了美欧等国家和地区的遏制。美欧主要通过对中国在非洲的能源资源活动进行“新殖民主义”诋毁，损害中国形象，以及通过对非洲国家的政治施压，压缩中国与非洲国家的能源合作空间。

印度与非洲合作具有明显的地缘优势，加之印非间传统友谊与贸易的互补性，使印度将扩大非洲石油业市场份额作为重要选项。目前，印度原油进口的 1/4 来自非洲，未来还会进一步增加。与中国的做法类似，印度也重视通过建立合作机制平台，以及加强对非洲的多方面援助以获取

---

① 林毅夫、王燕：《超越发展援助》，北京大学出版社，2016，第 69 页。

② 《中国在非洲电力供应中扮演重要角色》，环球网，2017 年 3 月 3 日，http://oversea.huanqiu.com/article/2017-03/10240605.html。

非洲能源市场份额。印非于 2008 年成立旨在加强对话与合作的印非峰会。印在 2014 年印非峰会上提出，为了加强印非合作伙伴关系，印度将在未来 5 年向非洲提供 100 亿美元优惠贷款及 6 亿美元无偿援助，帮助非洲建设“数字非洲”，发展基础设施，创造就业机会。

此外，日本也是积极抢占非洲能源市场的重要能源消费国。日本主要从经济与舆论角度出发发展与非洲能源国的友好关系，其主要手段为利用国际舆论制造国际责任，借机免除非洲国家债务的方式获得非洲国家的好感，为日本进入非洲能源市场做铺垫。通过大量的资金援助，日本与非洲多国建立了紧密的经贸联系，同样获取了较大的能源市场份额。另外，日本还通过“日非官民经济论坛”等多边对话平台，促进日企对非洲能源市场的投资。

中、印、日等国积极抢占非洲国家的可再生能源开发合作先机。非洲拥有丰富的可再生能源资源，仅北非、东非地区的太阳能可开发量即可达 328 万亿千瓦时/年，水电技术可开发量约为 1.84 万亿千瓦时/年，风能理论上可开发量高达 40 万亿千瓦时/年。非洲许多国家将可再生能源的开发利用视为其能源战略的重要内容，大力吸引外部投资。

总体上，中、印、日三国尽管在抢占非洲能源市场方面的许多做法较为相似，但印、日亦努力采取区别于中国的措施以加强竞争力。印度主要是利用与非洲的传统文化联系加强对非洲国家的能力建设；日本安倍政府在非洲倡导“积极的和平主义”，通过加强人力资源援助与安全合作等方式，有意与中国区别开来，拓展日本在非洲的利益线。

非洲区域内，北非的利比亚、埃及等传统大国的政局动荡导致其地缘政治影响力减弱，而尼日利亚和南非在非洲地缘格局上的权重逐渐提升，以埃塞俄比亚为代表的主要东非发展中大国在非洲权力版图中呈崛起之势。这些非洲大国均将拓展非洲能源出口渠道作为重要能源战略，且更欢迎不具政治色彩的国际能源投资与合作，这进一步提升了中、日、印等国在非洲能源市场的影响力。非洲许多国家仍面临诸多不稳定因素，尤其是政治民主化转型过程中愈加突出的政治、社会矛盾问题。加之恐怖主义等非传统安全问题日益严峻，非洲地区能源安全存在较大的安全隐患。

（五）美洲地区的能源地缘政治

与美国“页岩革命”相一致，南、北美洲所在的西半球以油气开采技术取得突破性进展为契机，在油气勘探方面取得重大进展。[①] 通过采用新技术，美国、加拿大、委内瑞拉、巴西以及圭亚那等国相继发现包括“非常规”油气资源在内可开采的巨量油气储藏。南美、北美不少国家不断出现新的油气储藏大发现，成为世界重要能源供应地区。

长期以来，美国视拉美为其战略后院，注重对该地区的政治安全影响，其资本和技术牢牢地控制着拉美的油气

---

① Michael Levi, “Think Again: The American Energy Boom”, *Foreign Policy*, July/August 2012, pp. 55 – 56.

资源，一些拉美国家的石油出口也高度依赖美国。随着拉美能源在保障全球能源安全与发展中的地位大幅上升，世界主要大国纷纷调整其能源外交战略，与拉美建立起更高级别的能源外交运行与协调机制，广泛运用国家的政治、经济、军事资源，围绕对这块能源资源产地与运输走廊的争夺及对国际能源市场的影响，展开纵横捭阖的能源外交博弈。[①] 尤其是中、俄等国近年逐步增强在该地区的能源地缘政治影响力。而随着许多拉美国家对美国离心倾向的增强以及对能源出口多元化的需求，进一步为中、俄增强在该地区的能源话语权提供了条件，美国与中、俄等国在该地区的能源地缘政治博弈有加剧之势。

进入 21 世纪以来，俄罗斯增强了在拉美地区的能源外交。俄希望打进作为美国后院的拉美地区，以此作为与美国全球战略竞争的一部分，而能源合作是俄增强与拉美国家政治关系的重要手段。另外，拉美许多国家为油气出口国，加强与它们的能源合作并进行能源政策协调，可有效提升俄在国际能源市场的话语权。其中，推动“天然气欧佩克”的建立便是俄加强与拉美能源出口国合作的重要目的。俄与拉美国家的石油合作已取得重大进展，核电、航天等广泛领域的科学及工程技术合作已经起步。俄罗斯与拉美地区所有拥有油气资源的国家均签署了国家层面的合作协议，并且国家领导人亲自商谈敲定具体项目，有效推

① 万瑜：《拉美能源外交与地缘战略的实证分析》，《复旦国际关系评论》2016 年第十八辑。

动了项目落地。

中国与拉美地区能源关系不断加强。中国最早通过提供工程技术服务的方式逐步走入拉美，此后以竞标、并购、参股等多种形式在秘鲁、厄瓜多尔、委内瑞拉、哥伦比亚、巴西、阿根廷等国获得不少油气区块勘探开发权益，近年又进入巴西电力市场，开展电网绿地项目、输电运营乃至股权收购等。对能源领域提供贷款是中国在拉美地区的重要能源合作手段，中国采取的策略往往是通过强大的资本实力，与相关国家签署“贷款换石油”协议换取油气资源，获取股权与开发权，以加强能源来源的多元化。在委内瑞拉、巴西、厄瓜多尔等国融资极其困难的情况下，“贷款换石油”为这些国家及时补充了资本。另外，中国、俄罗斯及拉美的巴西均为金砖国家成员，为提升在国际能源市场中的影响力，中、俄两国提出建立“金砖能源联盟”，并推动在此联盟框架下设立“金砖能源储备银行”和“金砖能源政策研究院”，将进一步推动中、俄两国与拉美国家的能源合作。

页岩油（气）的大规模开发使得北美市场相对饱和，北美巨大市场的不断紧缩对一些拉美国家来说是较大威胁。为此，拉美国家普遍寻求能源出口多元化，而以中国为代表的亚洲市场是拉美国家重点开发的能源消费市场。拉美也寻求通过吸引更多外资来提升石油开采、加工的能力。另外，拉美一些国家左翼力量较为强大，而左翼当政后普遍与美国关系紧张，摆脱美国的控制也成为拉美一些左翼执政国家与中、俄等国加强能源合作获取安全保障的重要动力。随着中、俄两国与拉美国家能源合作不断走近，美国势必将中、俄视为对其战略利益的竞争者，美、中、俄在该地区的地缘政治博弈也将趋于激烈。

从拉美区域内部来看，拉美国家间关系基本稳定，较少存在引发地区冲突的政治矛盾，但也有许多国家存在政局动荡的问题。另外，拉美国家有非常强的“资源民族主义”情结，曾出现过多次能源资源强力国有化浪潮。目前来看，“资源民族主义”在拉美许多国家仍不同程度地影响着国家政策，给在拉美的他国能源企业造成了巨大的政策性风险，是能源安全的较大隐患。

第四节　能源地缘政治特征与全球能源治理

综合上述对世界主要大国能源战略及主要地区能源地缘政治特征的分析可以看出，美、俄、欧、日、中等是当前全球能源地缘政治的主要棋手。其中美国具有明显的主导地位，其通过强大的军事、金融力量对国际能源供应、运输及能源市场均具有较大影响，且页岩油（气）革命促使美国成为能源生产大国，其在全球开展能源外交的实力进一步提升。俄罗斯长期在中亚—里海地区、欧洲及中东具有较大的能源话语权，是美国主要的能源地缘政治对手。但世界能源供应中心多元化带来的竞争削弱了俄能源博弈话语权。俄能源战略重心逐步向世界主要能源消费大国聚集的亚太地区转移，其在该地区的能源市场份额及影响力将是其维持能源地缘政治权力的重要因素。欧盟、日本依靠强大的经济实力在全世界寻找油气，与油气大国开展各种类型的合作，且其主要追随美国的政策，从中东、中亚、非洲等地区的能源资源中获利，对能源地缘政治格局的发展影响较大。另外，欧盟在可再生能源发展方面走在了世界前列，其能否在国际碳排放空间的争夺中居于领先地位将是影响其未来能源地缘政治地位的重要因素。以中国为代表的新兴经济体国家的能源地缘政治影响力明显提升。中国等新兴经济体国家利用经济技术优势，在全球各主要能源富足地区开展投资合作，拥有庞大的能源市场份额。另外，页岩油（气）革命大大增加了全球能源供应，一定程度上提升了新兴经济体国家能源供应安全，相应地也使其能源外交空间增大。

在区域层面，中东、中亚—里海、亚太是当前全球能源地缘政治博弈较为激烈的地区。各地区能源地缘政治权力结构均处于不稳定的变动时期，各地区也均具有较大的能源地缘政治风险。中东、非洲、拉美地区许多能源供应国存在政局动荡问题，中东、非洲地区恐怖主义等非传统安全威胁较大，中东地区更是存在域外大国间利益冲突与域内国家间宗教问题等复杂矛盾，地区冲突风险持续存在。亚太地区的能源地缘政治风险主要表现为对争议海洋能源资源的争夺，此关乎各国能源利益，又牵涉领土主权及中美战略竞争等问题，短期内难以平息。亚太地区是全球能源消费重心，各国具有确保能源供应安全的共同利益，且各国在能源方面有诸多互补之处，合作潜力较大。美国在以能源为手段遏制中国崛起的同时，也希望通过与中国的能源合作获取更多经济利益。美国逐步成为能源净出口国，而中国则是最大的消费国。中美两国在能源领域或将从竞争对手转变为互补互利的合作者。[①] 随着中国“一带一路”倡议的全面展开，中国主导该地区多边能源合作的趋势愈加明显。随着能源合作不断形成合力，本是全球能源消费重心的亚太地区将成为全球能源市场新的权力重心。

值得注意的是，对可再生能源的争夺与控制已成为能源地缘政治博弈的新领域。世界各国不仅把发展可再生能源作为发展本国经济的新引擎和新增长点，还从全球共同应对气候变化的角度来定位可再生能源发展和贸易，更是从战略高度把可再生能源作为提高本国核心竞争力、占据未来制高点、争夺国际领先地位的战略新兴产业。发达国家企图利用其在可再生能源领域的技术等优势，主导世界能源领域乃至世界经济领域的规则制定权，从而继续维持乃至进一步增强其国际地位和影响力。而以中国、印度等为代表的新兴经济体，或凭借其人力成本优势、市场优势、后发优势等，在可再生能源产业链条的某个环节或产品上，具有与发达国家一争高下的实力与地位。

当前全球能源地缘政治特征对全球能源治理的影响表

---

① 于宏源：《美国能源政治：一种全球战略体系》，《人民论坛·学术前沿》2016年第16期。

现为以下几个方面。首先，总体上当前能源地缘政治博弈促使全球能源治理呈现“一超多强”的权力格局。能源地缘政治博弈可影响国家实力及国际权力格局进而塑造全球能源治理体系。当前的国际权力格局正朝着多极化方向发展，可以说已形成“一超多强”的格局。尽管美国相对衰落，但其仍是主要的经济大国、科技创新大国，也是拥有全球军事部署能力的唯一国家，是国际格局中的“一超”。新兴市场国家，尤其是亚洲大国相继崛起，推动世界的多极化。美国国家情报委员会2013年公布的《全球趋势2030年报告》预测，到2030年，亚洲的全球权力（以GDP、人口规模、军事开支和科技投资为基础）将超出北美和欧洲的总和。[①] 除美国外，中国、欧盟、俄罗斯、日本、印度是世界最大的经济体，是主导国际格局的主要力量。当前的全球能源地缘政治博弈进一步推动了发展中的“一超多强”的多极权力格局。美国仍将在全球能源治理中具有主导性权力。但权力将不断向多元化方向发展，全球能源治理需要新兴经济体国家的支撑，同时新兴经济体国家对全球能源治理的话语权与影响力提出更高诉求，全球能源治理也将呈现“一超多强”的权力格局。

其次，能源地缘政治博弈推动全球能源治理的区域化发展。一方面，世界主要大国间的能源战略存在一定的冲突。新兴经济体国家的全球能源治理权力诉求难免受到美

① 阿米塔·阿查亚：《美国世界秩序的终结》，上海人民出版社，2017，第41页。

欧发达国家的遏制，成为新兴经济体国家通过区域层面的能源治理制度实现能源目标的驱动因素。另一方面，世界主要地区的能源地缘政治博弈在权力结构、互动关系等方面表现出不同的特征，且各地区均存在能源地缘政治风险，各地区客观上需要针对区域内能源问题的治理制度。比如，亚太地区的能源融资、定价及海上能源资源开发与合作的区域治理制度符合该地区国家尤其是大国的能源利益，亚太地区逐步成为国际能源市场新的权力重心也为类似区域制度的建立提供了基础。

再次，能源地缘政治博弈塑造了全球能源治理的跨区域特征。目前，国际能源市场能源贸易呈现跨区域趋势。欧洲能源进口大多来自北非和俄罗斯，中国、日本等亚太国家的能源在主要依赖中东和非洲的同时，对俄罗斯、中亚与拉美的需求也不断上升。多数能源供应国与需求国均将能源出口或进口多元化作为重要的能源战略，跨区域的能源联系、合作不断增强，跨区域的能源问题也提出了跨区域能源治理的需求。俄罗斯在稳住欧洲能源市场的同时，不断拓展与亚太地区国家的能源合作，也迎合了亚太许多国家能源进口多元化的需求。俄与亚太许多国家在解决跨区域的能源问题方面存在共同利益。中俄两国已就俄提出的欧亚经济联盟与中国提出的“一带一路”进行对接达成协议，能源问题是两大倡议对接的重要内容，可看作是欧亚跨区域能源治理的一种努力。中国等亚太能源消费国不断增强在中亚地区的能源影响力，中亚与东亚、南亚的能源联系日益紧密，同样存在以跨区域能源治理促进能源合作的需求，而上海合作组织作为中亚与东亚、南亚跨区域能源治理平台的重要性日益凸显。

最后，能源地缘政治博弈促使不同能源品种全球治理呈现不同特征。当前的全球能源治理对象在能源品种上以化石能源中的石油为主。天然气作为相对低碳、清洁的一次能源，日益受到能源消费国的青睐，国际天然气贸易、市场投资近年不断攀升，以天然气为主要治理对象的全球能源治理需求也不断增大。俄罗斯十分重视其在国际天然气治理中的主导权，长期通过能源外交努力，联合中东、南美、非洲等天然气供应大国，推动建立“天然气输出国论坛”，并进一步尝试组建“天然气欧佩克”，试图将其发展成为影响国际天然气市场的主导机制。亚太地区是全球天然气消费重心，天然气需求增长势头迅猛。但亚太天然气市场价格形成仍以与油价联动的不合理机制为主，亚太区域对针对天然气价格形成机制的能源治理需求日益迫切，中国、新加坡等国均在努力建设以本国为中心的亚太天然气交易制度，以形成以本国为主导的区域天然气治理格局。另外，从能源地缘政治博弈可以看出，以欧盟国家、中国为代表的能源消费大国极为重视可再生能源的开发利用，并促进提升全球能源治理清洁能源议题的重要性，以获取在世界能源格局低碳、绿色转型中的规则制定权。在中欧的推动下，以可再生能源问题为主要治理对象的全球能源治理作用不断增强。

第四章　全球能源治理制度体系发展新阶段

第一节　全球能源治理制度体系概况与特征

全球治理是世界各国为应对全球化背景下出现的跨国界的全球性问题而进行的共同努力，其表现形式即是全球治理制度体系的建立。全球能源治理制度是全球治理制度体系的重要组成部分。全球能源治理制度主要分为国际能源治理组织与国际能源治理的规则、法律。前者包括专门的国际能源治理组织与涉及能源治理功能的多边国际组织。专门的国际能源治理组织主要有国际能源署（IEA）、石油输出国组织（OPEC）、国际能源宪章组织（IEC）、联合国气候变化框架公约（UNFCCC）、国际可再生能源机构（IRENA）、国际能源论坛（IEF）等。涉及能源治理功能的国际组织主要包括二十国集团（G20）、亚太经济合作组织（APEC）、金砖国家（BRICS）、上海合作组织（SCO）等。国际能源治理的规则、法律主要是指《能源宪章条约》（ECT）、UNFCCC 等专门的国际能源法律、规则，以及 WTO、其他国际条约和公约等对能源投资、贸易、运输等方面的相关规定及法律条款等。能源相关的非政府国际组织、跨国能源企业协会、社会团体，如国际天然气联盟，主要通过对国际能源组织决策及国际能源法律、规则制定产生影响，参与全球能源治理，它们也是全球能源治理制度体系的重要组成部分。

一　全球能源治理制度体系的发展历程

世界能源格局的变化是全球能源治理制度体系发展的基础性影响因素，推动着全球能源制度治理领域、功能的调整。而能源地缘政治版图的变化发展决定着全球能源治理制度的权力格局与稳定性。

第一次工业革命以来，西方发达国家长期在全球能源治理制度体系中占据主导地位。全球能源治理主要体现为以双边条约为基础的治理模式，而配置能源的能力主要取决于国家的硬实力和地缘政治。[①] 生产和出口石油、煤炭等的不发达国家成为被控制、被掠夺的对象。全球能源治理以殖民主义性质的“石油租借地”制度及完全由西方国家控制的石油定价制度为基础。从这个意义上可以说，当时的全球能源秩序是一种极不平等的国际制度安排。[②]

---

① 张耀：《国际能源治理体系与中国参与》，《山东工商学院学报》2015 年第 5 期。

② 许勤华：《G20 峰会为全球能源治理提供中国机会》，《能源研究与利用》2016 年第 5 期。

20 世纪 60 年代至 80 年代中后期，全球能源治理制度体系以 OPEC 与 IEA 的二元对立为主要特征。在美苏对峙的国际权力格局下，西方发达国家对国际能源事务的主导能力有所降低，中东地区主要石油生产国为增进其石油政策协调性并维护其石油利益成立 OPEC，以石油作为武器在反抗西方发达国家霸权、维护阿拉伯民众诉求、提升地区影响力等方面发挥了重要作用。相应地，西方发达的石油消费国家在经合组织（OECD）框架下建立了 IEA，以制衡 OPEC 应对石油供应危机。IEA 评估及协调各成员国的能源政策，协调应急响应机制和战略石油储备，并促进能源消费国能源技术创新、能源效率提升及有关对话开展，在 OECD 国家有效应对石油供应危机中发挥了重要作用。OPEC 与 IEA 均为同盟性质的国际能源组织，且相互制衡。能源治理集中在国际石油市场尤其是关于石油定价机制的话语权上，体现了石油输出国与消费国之间的对立。

20 世纪 80 年代末以来，随着能源消费和供应群体的扩大以及世界能源工业的日益国际化，能源问题越来越明显地呈现出全球性的特点，消费国与生产国利益契合点逐渐增多，特别是在维护国际能源市场的稳定和透明方面。[①] 另外，国际权力格局中新兴经济体地位提升，其全球能源治理诉求提高。同时，能源的环境外部性问题日益严峻，清洁能源议题的重要性提升。全球能源治理制度体系呈现更

① 赵宏图：《新能源观：从战场到市场的国际能源政治》，中信出版社，2016，第 128 页。

加多元化、复杂化的特征。

1. 覆盖能源输出国与消费国的国际能源组织开始出现

1991 年成立的 IEF 重要宗旨为，缩小能源生产国、消费国和运输国在全球能源事宜上的利益差距，促进其积极参与到能源对话等合作方式中。IEF 的成员国覆盖了能源生产国、消费国和运输国，且不区分发达国家和发展中国家，包含了 IEA 及 OPEC 的成员国，具有广泛的代表性。IEF 的成立一定程度上改善了能源输出国和消费国的沟通渠道。同时，同样包括能源生产国与消费国的国际能源宪章组织成立，旨在通过规制国际能源投资、贸易、运输等行为推动开放、有序、稳定的国际能源市场的形成。IEF 与国际能源宪章组织的成立标志着能源输出国与消费国对立的治理格局的松动。能源输出国与生产国在 IEF 与国际能源宪章组织的对话与合作逐步增多，甚至 IEA 与 OPEC 之间也逐步有了接触与合作。

2. 一系列专注于气候变化和清洁能源议题的国际组织创建并快速发展

1992 年，为全面控制二氧化碳等温室气体排放，以应对全球气候变暖，联合国成立 UNFCCC 就气候变化问题在成员国间展开政府间谈判。UNFCCC 搭建了全球气候治理机制的基本框架，先后通过了《京都议定书》、“巴厘路线图”、《巴黎协定》等，在督促各国减排、低碳转型及应对气候变化方面做出了巨大贡献。对气候变化的共同关注也促使专注于促进可再生能源广泛普及、可持续利用以及清洁、低碳能源技术发展和共享的国际能源组织成立。这些组织包括 IRENA、碳封存领导人论坛、国际氢能经济和燃料电池伙伴计划、全球生物能源伙伴关系、可再生能源及能源效率伙伴关系计划、国际能源高效合作机制以及清洁能源部长级会议等。

3. 许多全球性及区域性的政治、经济类国际组织的能源治理功能逐步增强

一直以来，G20 的主要使命是制定全球金融规则、促进经济复苏。近年 G20 对能源与气候治理问题的关注度上升。2014 年布里斯班峰会把加强能源合作确定为 G20 的工作重点，认为强劲并具抗风险能力的能源市场对经济增长至关重要，各国首脑达成共识并通过了“G20 能源效率行动计划”。2015 年安塔利亚峰会推进了能源治理工作机制的发展，确立能源部长会议机制并使之制度化。2016 年的杭州峰会强调，持续投资可持续能源项目，提高能源服务的普遍可及性，特别是减少普及电力的障碍，探索创新合作安排，推动国际能效合作，发布能源可及性自愿合作行动计划、可再生能源自愿行动计划和能效引领计划等。G20 将全球能源治理纳入主要议程，逐步成为全球层面的能源信息交流平台，在促进全球能源安全与稳定、能源节约和清洁可再生能源的发展等方面，达成了大量共识。由于其成员既包含主要的发达国家与新兴经济体国家，也包含主要的能源生产国与消费国，逐步成为全球能源治理机构网络的协调中心，推动了全球能源治理的理念、原则与机制融合。

APEC 逐步具备能源事务管理功能。APEC 召开能源部长会议，设立了能源工作组，分为能效和节能、能源数据分析、新能源和可再生能源等分部门。设立能源研究中心（APERC），每年发布能源展望报告。另外还由我国牵头筹建成立了可持续能源中心（APSEC），致力于加强 APEC 成员国在能源领域的战略合作，通过建立稳定成熟的信息共享平台和高效的协调机制，加强关于可再生能源政策和科技研发的交流。APEC 在加强能源安全和促进亚太地区能源投资和贸易、提高能源效率和发展可持续社区、促进清洁能源资源开发和化石能源的清洁化利用等方面达成了一系列重要共识。BRICS 将能源合作列为重要议程。其成员国中俄罗斯和巴西是能源生产大国，印度和中国是能源消费大国，具有较大的能源合作潜力。BRICS 作为新兴经济体国家的代表性国际组织，将各成员国的能源政策在多边框架下逐步实现协调，使各成员国共同支持 UNFCCC 的进程以及多哈气候变化协议，作为一个整体发声，在提升发展中国家话语权，推动形成公平、合理的国际能源秩序方面发挥着重要作用。SCO 成员国多是能源消费与供应大国，被认为是能源治理最具潜力的区域性国际组织之一。SCO 成员国间的双边能源合作已较为深入，多边合作也在逐步展开。在 SCO 框架内建立某种能源组织的想法已提出多年，2013 年 9 月和 11 月，中国领导人习近平和俄罗斯总理梅德韦杰夫先后在 SCO 峰会上呼吁成立一个上合组织能源俱乐部。

4. 规范国际能源市场的国际能源法律、规则体系逐步形成

专门的国际能源法主要有《能源宪章条约》、《联合国气候变化公约》、《国际原子能机构公约》以及《国际可再生能源机构规约》等。《能源宪章条约》（ECT）相对于其他条约、规约等更具全面性、约束性等特征，在国际能源法律、规则体系方面最具代表性。

ECT是国际能源领域具有法律约束力的多边条约，涵盖了各种类型的能源资源以及能源领域活动的各个环节，主要分为投资保护、能源贸易和运输保护、能源效率及争端解决等几部分。ECT在规制各国开展与能源有关的商业活动时，总体上提出以下主要原则：对外国投资给予法律保护；在能源物资及相关设备的贸易中遵循关贸总协定/世界贸易组织（GATT/WTO）准则；保障能源及能源产品的安全运输；通过协商、专家委员会调解以及国际仲裁等形式解决争端；最大限度地降低能源污染，鼓励提高能源效率。这对推动和促进能源领域的贸易、投资和运输活动具有重要意义。

除ECT等专门的国际能源规则、法律外，涉能源的国际规则、法律还有其他许多来源，主要来自多边国际组织、国际协议等，全球层面最具代表性的当属WTO。WTO没有直接关于能源方面的规定，但其条款本身未将能源贸易排除在外，即其一切原则、规则在逻辑上均可适用于能源贸易。近年，WTO多边谈判逐步将能源作为一个专门领域纳入议题范围。多哈回合谈判涉及与能源供给和贸易活动相关的诸多方面，涵盖包括可再生能源在内的各种能源形式。正在进行的议题包括能源服务、过境规则、补贴以及气候友好型产品与服务等。随着对气候变化关切的与日俱增，在使用贸易措施应对气候变化问题方面，WTO的作用也日渐凸显。碳排放许可交易的发展与碳补偿安排制度的建立，渐趋进入WTO视野，成为多哈回合谈判的重点。[①]

5. 大量的非政府国际组织、大型跨国能源企业、社会团体等在全球能源治理中的作用日益增强

能源行业具有产品生产国际化、企业经营国际化和市场竞争格局国际化的特征。许多跨国能源企业、非政府国际组织等非国家行为体，或为其背后的国家利益，或为自身利益及社会公益，影响国家政府及政府间国际能源组织的政策及能源法律、规则体系的制定，其意愿与能力逐步提升，成为全球能源治理制度体系的重要组成部分。尤其是在全球气候治理领域，非政府组织等的作用尤为突出。国家行为体在推动全球气候治理过程中面临诸多困境。各国在全球气候治理中的意愿和能力方面存在较大差别，且气候谈判逐渐成为世界大国利益博弈的一个重要舞台，谈判达成实质性成果的难度加大。许多非政府组织以观察员身份加入全球气候会议、举办气候变化专题研讨会、宣传气候知识、游说谈判代表甚至在国际上对个别国家政府形成舆论压力等，而跨国能源企业则通过投资清洁能源技术、参与碳市场交易间接参与全球气候治理，或通过游说政府、

① 杨解军：《国际能源合作与国际能源法》，世界图书出版公司，2013，第174页。

加入政府间国际能源组织直接影响其气候政策，不断推动着全球气候治理达成有约束力的协议。

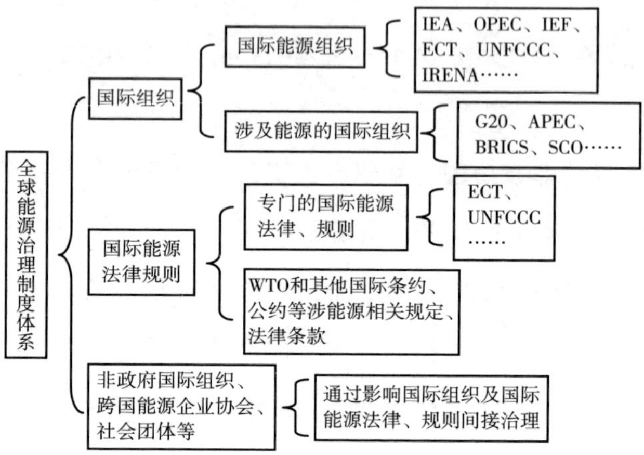

图 4－1　全球能源治理制度体系框架

二　全球能源治理制度体系的特征

（一）软制度性

从国际组织来看，仅有 IEA 和 OPEC 的政策具有较强约束性，其执行力最强，影响也最大，在协调各自成员国能源政策实现共同能源目标上发挥了重要作用。IEA 与 OPEC 分别为消费国与生产国联盟性质的国际能源组织，其成员国具有较为明确的共同利益，这是其开展有效行动的基础。但两者在成员国方面均缺乏广泛的代表性，且彼此存在一定程度的对立关系，尚不能代表更广泛的全球范围内的能源治理组织。其他的能源类国际组织均为讨论与合作平台。

这些平台往往通过建立高层政策制定者定期会面机制，对全球热点议题进行讨论并寻求共识。这种平台不具备国际法律约束力，有些只是松散的组织。IEF 的成员国覆盖了生产国、消费国和运输国，且不区分发达国家和发展中国家，并包含了 IEA 及 OPEC 的成员国，具有广泛的代表性。但 IEF 本质上是各成员国交换意见、建立高层联系的机构，为各成员国提供能源数据及观点，并不具有国际能源领域的规则制定的功能，也不具备有约束力的机制影响成员国的能源政策。IRENA 与 IEF 一样组织机制较为松散，无法通过有约束力的政策对成员国推动可再生能源发展提出要求。G20、APEC、SCO、BRICS 等国际组织不同程度地将能源列为其治理功能领域，更多是将能源作为一项议题，尚未建立能源议题的正式运作机制。G20 在协调各类能源国际组织合作，推动全球能源治理的理念、原则与机制融合方面的作用愈加明显，但其同样缺乏关于能源工作的常设机构，约束力和执行力不强，难以有效贯彻落实达成的成果。

在国际能源法律、规则方面，ECT 是唯一的专门的能源领域的具有约束力的多边条约。其签署和实施对促进国际能源合作和能源市场的稳定具有重要意义。通过鼓励投资和能源贸易，将有助于改善欧洲和世界市场能源供给与保障形势；通过推动科技交流和实施能源效率、能源环境等方面的措施，将产生巨大的环境效益。[①] 尤其是在能源投

① 马迅：《浅析国际能源争议解决机制——以〈能源宪章条约〉为例》，《生态经济》（中文版）2009 年第 4 期。

资保护方面，ECT 的投资争端解决机制在实践中发挥了重要作用。尽管其成员国申请向所有国家开放，但 ECT 本质上主要代表欧洲利益，目的是提升欧洲在全球能源治理转型上的话语权，许多能源大国尤其是能源输出国对其持保留态度，致使其难以在全球层面具有普遍约束力。UNFCCC 起初试图通过具有约束力的规则推动全球气候治理，但由于谈判各方利益博弈较为激烈，其约束性不断呈下降趋势。《京都议定书》“自上而下”的强制承诺减排逐步转变为《巴黎协定》的“自下而上”模式促进全球减排，各国提出国家自主贡献目标，是一种更具“自愿”性、不被法律约束的行为。

（二）治理的多元、分散性

全球能源治理制度是一个多元、多层、分散的体系，各国际能源组织相互独立，并无全球性和综合性的全球能源治理机构。全球能源治理制度分散在众多能够影响能源治理的机构与国际规则中，仅仅发挥着全球能源治理某一方面的功能。[①] 缺乏全球性和综合性的全球能源治理机构，使得当前全球能源治理制度难以适应当今世界能源格局的深刻变化，也相应促使各国际能源组织间的对话与合作不断增多。IEA 与 OPEC 建立了对话机制，加强磋商与政策协调，以共同维护国际石油市场的稳定。IEA 与 G20 合作较为密切，

---

① Jeff Colgan, Robert O. Keohane and Thijs Van de Graf, Institutional Change in the Energy Regime Complex, 2011 Political Economy of International Organizations meet-ing, Zurich, January 27 – 29, 2011.

定期参加 G20 会议并为其提供相关研究报告，以期影响 G20 的能源议程。IEF 积极参与 G20、IEA、OPEC 等国际组织活动，提升自身交流平台的影响力，并确立了与 IEA、OPEC 专家的合作模式。IEF 还联合 OPEC、IEA、APEC 等机构建立了迄今唯一覆盖全球的月度石油数据共享体系“联合组织数据倡议”(JODI)。G20 日益成为协调各国际能源机制的重要平台，通过评价和引导等多种形式影响 IEA、OPEC、IEF、ECT 等国际能源机构，开展协商和议程对接，协调相关工作进展，推动各能源治理机构在数据库建设、市场监管、稳定供需、减少能源补贴、清洁能源开发等方面开展国际合作。G20 首尔峰会审议了 IEA、OPEC、OECD 和世界银行关于化石燃料和其他能源支持措施的联合报告、关于清洁能源与节能技术的报告、“迈向人人享有的可持续能源前景”报告等；G20 洛斯卡沃斯峰会要求 IEF 提出改善联合石油数据库的倡议；G20 圣彼得堡峰会前，IEA、IEF、OPEC 应 G20 要求发布了关于提高国际天然气和煤炭市场透明度的报告。

（三）权力结构不平衡

欧美发达国家在全球能源治理制度体系中长期占有主导地位，发展中大国及新兴经济体国家的话语权不足。发达能源大国的“强声”表现在国际议程设置、决议的投票权、执行的行动权以及国际能源问题处理等方面的主导性上。[1] 具有普

① 刘明明、李佳奕：《构建公平合理的国际能源治理体系：中国的视角》，《国际经济合作》2016 年第 9 期。

遍影响力的IEA是OECD国家发起成立的，其成员国均为发达国家，而其他各国际能源组织的重要职位也多由发达国家派员担任。以金砖国家为代表的新兴经济体国家在国际能源市场的地位愈加显著，甚至成为推动世界能源格局重心转移的主要力量，但它们在全球能源治理制度体系中的作用与它们能源大国地位不符。俄罗斯石油产量占全球12.4%，并未加入OPEC，与IEA合作紧密却也不是其成员国。中国也非IEA的正式成员国，巴西、印度和南非在能源治理的舞台上更加边缘化。尽管新兴经济体国家不断增加其在IEA、国际能源宪章组织等国际能源组织中的参与度，但在各组织的规则制定、议题设定等核心政策领域的影响力仍明显欠缺。

（四）以化石能源治理功能为主

当前的全球能源治理制度在治理功能领域方面主要关注能源供应安全、能源投资保护等，且更多是针对与传统化石能源相关的能源问题的治理。其中，传统化石能源领域不完全信息的治理失灵，主要表现为市场供求的基本面数据不足、监管的不确定性以及价格信号失真等。石油市场的全球化程度很高但透明程度却不高，许多产油国的产出水平报告往往并不正式，而一些主要消费国的数据又往往缺乏准确性。由于各国能源竞争加剧，大部分国家的能源交易倾向于双边交易，一般都涉及保密条款。另外，由于能源供应的国家战略性质，大量能源交易背后都有政治因素考量。这就影响了市场交易的透明度，导致市场供求信息不能得到充分反映。

针对气候变化和低碳政策的全球能源治理不足。虽然有 UNFCCC 等气候变化相关的国际公约，但是没有任何一个国际机构在切实推动低碳政策的发展与落实。[①] 关于气候变化，工业强国与快速发展的新兴工业化国家之间出现了重大分歧，气候谈判难以达成一致，其部分原因是没有具有约束性权力的全球机构的推动。IRENA 等多个专注于绿色、低碳能源发展的国际组织近年相继成立，但其组织较为松散，尚无法形成具有法律约束力的政策，全球能源治理影响力明显不足。

（五）治理的动态、网络性

詹姆斯·罗西瑙认为，通常束缚并维持国际社会生活延续性的基本模式（即国际体系）正被高度的复杂性和动态性所征服，这种复杂性和动态性主要指世界舞台的行为主体数量大大增多、密度大大加大、相互依赖程度大大提高以及不稳定性大大加强，世界正式进入混沌时期。[②] 全球能源问题具有动态发展特征，并日益复杂化。全球能源治理旧的议题依旧存在，新的议题不断产生。全球能源治理在关注能源供应安全问题的同时，面对的能源市场透明度、气候变化问题及可再生能源技术转让、融资等问题也日益

① 国家发展与改革委员会能源研究所：《全球能源治理与中国的参与报告》，2014 年 11 月。

② 林民旺：《混沌世界的治理——罗西瑙混沌范式、全球治理研究》，《世界经济与政治》2006 年第 12 期。

凸显。全球能源治理的议题也随之不断增多，且议题关联性、纽带性日益增强，交叉、衍生的情况日益普遍，某个问题的解决常需要其他问题的配合和支持[①]。这就使得全球能源治理制度体系呈现动态、网络化特征。许多原本不具能源治理功能的国际制度因议题的关联性也增加了能源治理功能，与其他国际制度的治理功能出现重叠，形成复杂的议题网络。而参与国际制度治理的行为体日益增多，又形成相互关联的政策网络。不同行为体政策相互依赖，需彼此协作方能达成目标，同时又相互博弈，在竞争中寻求利益。随着全球能源治理制度体系动态网络化加深，虽然全球能源治理制度的权力格局仍主要由各国的实力决定，但各行为体均有获取治理权力的渠道，或是对某些新议题具有话语权，或是在某些能源产业链上具有优势。

第二节　全球能源治理制度的变革

当前的全球能源治理制度体系存在诸多导致治理失灵的问题，主要表现在治理制度分散缺乏统一协调性，以及发展中国家能源治理权力不足等，许多国际能源组织已进行了适应性的变革。随着世界能源格局、国际权力格局的发展演变，全球能源治理制度的治理框架、对象以及权力结构等方面的变革仍将继续深入下去。

---

① 汤伟：《全球治理的新变化：从国际体系向全球体系的过渡》，《国际关系研究》2013 年第 4 期。

一　变革模式

国际制度的安排很大程度上由国际格局，尤其是国际权力格局决定，随着国际体系中国家间力量对比及互动关系的变化，国际制度相应地也在进行变革。一般情况下，国际制度的变革是缓慢的、温和的，而不是以剧烈的方式在总体上推翻现存国际制度，全球能源治理制度也是如此。其原因表现在：一方面，国际制度虽然主要反映了国际体系主导国或霸权国的利益，但主导国或霸权国也同时通过国际制度提供国际公共产品，为其他国家提供“搭便车”的机会，客观上具有一定的利他功能。制度变革诉求国彻底推翻现存制度，也有损其在国际制度中获取的“制度红利”；另一方面，当国际制度从一个抽象的规则，变成一个具有实体的法人——国际组织，它就会反过来促进国际制度中法律、规则部分的发展。同时，国际组织也成为国际制度中规则的执行者和新的规则的制定者，这极大地深化了制度的“路径依赖”效应，即现存的制度会对后来的制度发展路线产生重大影响，同时也提高了现有制度的替代成本。中国的崛起不是挑战现存国际制度体系，而是寻求融入就是最好的例子。冷战结束之后，美国试图通过接触将中国束缚于美国主导的制度规则体系之中。中国从被动参与到主动融入，也成为现行国际体系的受益者。尤其是加入 WTO 后，中国充分利用世界贸易规则，成为世界首屈一指的贸易大国，而对外出口成为中国经济持续快速增长的重要支撑。

在总体温和的变革模式下，国际制度的变革形式多样。从国际问题角度而言，国际制度变革根本上是与国际问题内容的变化紧密联系在一起的。随着全球化的发展，国际问题的内容日益复杂化，国际制度相应地扩展了其治理活动的范围、数量，规则也趋于完善。国际问题表现为新旧并存，新问题替代旧问题是较为缓慢的发展过程，国际制度变革也是在不断积累量变的过程中发生质变。从变革主体角度而言，当前国际体系中，霸权在国际制度的产生与运作中发挥着重要作用，霸权的衰落导致以霸权利益为中心的国际制度功能的弱化，进而其他行为体在利益博弈过程中实现国际制度各方面的变革，这成为国际制度变革的另一种表现形式。

二　变革内容

（一）治理框架

国际组织作为全球治理中的一种制度安排，在国际公共产品提供、推动解决全球性问题方面发挥了重要作用，但其局限性也客观存在。国际组织的运作难以突破“集体行动逻辑”的障碍，许多国家倾向于享受利益，而不承担责任。全球治理制度在治理框架设计上应不断完善以破解“集体行动逻辑”难题，法律、规则总体上向更有约束力的方向变革。

加强不同议题领域制度的互动，增强制度契合度也是治理制度变革的重要方向。一项有效的制度不可能孤立发挥作用，它需要与其他制度的协调。以气候变化为例，像应对气候变化的《联合国气候变化框架公约》和《京都议定书》这样的全球性制度安排，如果离开其他领域的制度框架，比如世界贸易组织、国际投资和金融市场监管机制的支持，气候变化问题仍很难得到有效的解决。[①]

对于全球能源治理制度来说，当前众多能够影响能源治理的机构与国际规则，仅仅在某一方面发挥着全球能源治理的功能。且全球能源治理各主要组织之间协调合作程度较低，难以适应当前全球能源格局日益复杂的变化趋势，一定程度上限制了各组织在能源治理中的作用。全球能源治理制度框架变革最为重要的趋势，应是建立一个真正全球性的能源治理合作协调机构。首先，这样的机构应包括主要能源消费国与生产国。它将使能源市场的主要参与者之间建立信任和相互理解，促进形成国际能源贸易、投资、技术合作等方面的可预测的法律和监管框架。其次，将为许多现有国际能源组织机构提供协调机制，协调各主要国际能源组织的政策及主要能源生产国与消费国的能源战略。尤其是发挥在清洁能源技术合作、减排监督方面的协调作用。再次，这样的机构应使发展中大国与发达国家享有平等的决策权。最后，这样的机构一般不应为新

---

① 卢静：《当前全球治理的制度困境及其改革》，《外交评论》2014 年第 1 期。

建的机构，因为全球性的国际组织的建立可能消耗大量的政治能量。相反，应通过为现有的机构提供更明确和更强有力的政治方向而实现。

发达国家主要希望通过改革 IEA，赋予其更强大的决策核心秘书处，使其转变成全球性的能源治理协调机构。IEA 和伙伴国家定期开展的能源部长和总干事层面上的会议对协调低碳能源以及能源安全、能源市场等政策做出重大贡献，这被发达国家认为是 IEA 可成为全球能源协调机构的重要原因。IEA 虽然已经扩大了议程，加强了与非成员国的对话与合作，但其仍未能敞开大门吸纳非 OECD 国家成为其成员国，其本质上仍代表了发达国家的狭隘利益，难以让渡其能源治理决策权。

相比之下，G20 在目前最有潜力成为全球能源治理协调机构。其一，G20 合作层次高，既包含了发达国家，也包含了发展中大国，且有各国最高级别领导会晤机制；其二，发展中大国与发达国家在 G20 中的地位是平等的，拥有相对同等的话语权；其三，如前所述，G20 已在协调各主要国际能源组织方面发挥了重要的作用。尽管 G20 不是专门针对能源治理的国际组织，也没有秘书处，无法确保能源议题的连贯性与执行性，但类似问题可通过对 G20 进行组织机构的改革加以解决。比如，G20 框架内可设立一个专注于能源问题的工作组，且为能源工作组设立秘书处。为提升能源工作组工作效率，也可采取更为灵活的方式，将其秘书处设立在 IEA 等主要国际能源组织中。

（二）治理对象

在全球化与区域一体化发展进程中，一些旧有的全球性或区域性问题可能不断加剧，同时也可能衍生出一系列新的问题，全球治理议程与范围都在扩大。从全球能源治理对象的变革方向来说，一方面，能源市场作为治理对象的重要性逐步增强。能源安全曾长期成为能源治理的主要对象。IEA 与 OPEC 的博弈主要是能源供应安全与能源输出安全的利益博弈。如今，能源安全在全球能源治理中的地位相对有所下降，而降低贸易壁垒，加强投资保护，构建更加公平开放的市场，将成为全球能源治理的重要治理对象。能源数据透明化在全球能源治理中的作用将愈加明显。通过促进各国政府和企业提供更加公开透明的能源供需数据，可以降低投资的不确定性，对引导有效的投资至关重要。公平开放的国际能源市场，其重要支撑是各国的能源政策，协调规制各国能源政策也将是全球能源治理的重要对象。促使各国降低能源商品贸易壁垒以及减少化石能源补贴等，将有效促进国际能源市场的一体化进程及健康稳定运行。另一方面，天然气及可再生能源在全球能源治理中的地位将不断提升，后文将着重就此进行论述。

（三）治理权力结构

全球能源治理制度的权力结构主要反映了国际体系中

国家间实力对比情况。当前国际权力结构正处在深刻变化时期。首先，新兴经济体国家的群体性崛起，导致全球经济重心和能源消费重心向亚太地区转移，尤以“金砖国家”为代表的新兴大国成为世界经济的领头羊，它们在更加积极地参与全球能源治理的同时也要求话语权的提升。这一方面体现在，新兴经济体及发展中大国将在现有的全球能源治理制度中发挥更大作用，享有更多话语权。许多新兴经济体国家成为全球能源消费重心，也是全球能源投资、贸易的重要主体，其能源政策走向对国际能源市场的稳定将产生不可忽视的影响。现有国际能源组织认识到，缺少新兴经济体及发展中大国的参与，其能源治理功能难以取得成效。当前发达国家主导的国际能源组织均加强了与发展中大国的对话与合作。IEA 建立联盟国制度，吸收中国等发展中大国成为其合作联盟国，给予发展中大国更多决策建议权。而新兴经济体及发展中大国也将全面深入参与全球能源制度并寻求与主导的发达国家平等的决策权，呼吁全球能源治理朝着更加公平、民主、平等的方向发展。中国积极参与了能源宪章条约组织向国际能源宪章组织转型的改革进程，甚至推动其对“一带一路”能源投资与过境的相关问题展开探讨并将其纳入《能源宪章条约》的相关条款。①

---

① “Energy Charter Industry Advisory Panel (IAP) met in Beijing hosted by CNPC,” 22 July 2015, http: / /international. energycharter. org/news/article/energy - charter - industry - advisory - panel - iap - met - in - beijing - hosted - by - cnpc/? cHash =02dcae41ee06a9f10127d4c5d635bd95.

另一方面表现在新兴经济体及发展中大国在区域能源治理制度中的主导作用上。全球层面的国际制度在日益多元的世界中并不总是能有效解决全球或跨国问题，区域一体化及区域治理制度则成为全球治理及全球能源治理制度的有益补充。目前，几乎所有的国家都是一个或多个区域经济一体化组织的成员，区域经济一体化成为20世纪后半期世界经济最具活力的现象之一，与全球化成为两股并行不悖的世界潮流。地区主义总体上支持而非威胁全球多边体制。地区主义的兴起、区域组织数量的增加，给新兴世界秩序带来了有益的多样性和领导力。地区主义的兴起至少可以部分归因于全球机构的局限性和弱点，以及越来越达不到预期的全球治理体系效果而导致的后果。[①] 顺着科斯定理的逻辑，一体化的区域经济把全球市场内部化为区域市场，有效地降低了在全球范围内配置资源的搜寻成本。另外，一体化的区域经济由于地理上接近、文化上相似、市场结构上互补，可以有效地降低交易成本和违约风险。[②] 因此，全球化与区域一体化总是并行发展的，客观上要求全球治理制度与区域治理制度的并存。新兴经济体及发展中大国在现有的区域经济组织内加入能源治理功能或成立新的区域能源治理组织，将成为其提升全球能源治理权力的重要方向。

---

① 〔加拿大〕阿米塔·阿查亚：《美国国际秩序的终结》，上海人民出版社，2017，第81页。

② 华民、王疆华、周红燕：《内部化、区域经济一体化与经济全球化》，《世界经济与政治》2002年第12期。

其次，国际权力正从国家向非国家行为体流散。美国学者约瑟夫·奈将今天世界权力的分布比喻为“一场复杂的三维国际象棋比赛”。他认为，底层棋盘是政府控制范围之外的跨国关系领域，非国家行为体参与其中，权力广泛分散。全球能源治理制度将更具开放性，非政府组织、跨国公司等的作用将不断提升。除 IEA、OPEC 外，全球能源治理制度普遍执行力不足，所推动的能源治理议题往往仅停留在倡议、协定层面却难以落实。这主要是因为主权国家从自身利益出发对国际倡议或协定的执行不同程度地进行了保留。这就为非国家行为体在全球能源治理中的影响力提升提供了空间。许多非政府国际组织等非国家行为体在信息沟通、舆论导向甚至影响决策方面发挥着独特的作用，这在环境保护与气候变化领域已体现得较为明显。能源行业类非政府国际组织在全球能源治理中的作用将进一步凸显，其成员单位多为各国大型能源企业及能源类智库及学术研究机构，在特定的能源行业具有较强的专业性，有助于提升其在行业内部的权威性，以更好地发挥在推动国际制度、规范建设方面的作用。其可以加强相关能源行业规则和标准的整合，促进相关能源行业技术发展及市场的良性运行，亦可加强与各国各级政府部门及国际组织规则和标准的整合，成为能源类企业、研究机构以及各国政府、国际能源组织间的协调者。①

① 毕竟悦、张绍欣、何涛：《行业国际非政府组织的公共影响力构建——以能源类国际非政府组织为例》，《中国非营利评论》2015 年第 2 期。

（四）国际能源法律、规则

现有国际能源法律、规则体系的完善至少需包含以下几方面内容。一是加快能源贸易争端解决的国际法律建设。受经济危机的深刻影响，国际能源市场出现了贸易保护主义抬头、能源贸易争端增多等现象。目前，具备法律约束力的全球治理机制主要是 WTO 的相关规定以及《能源宪章条约》。这些机制对于解决能源贸易争端、保护能源投资发挥了重要作用。但是，随着能源市场全球化趋势越来越明显，出现了更多的国际法空白。

二是解决全球自由贸易规则与碳关税的冲突问题。从欧盟和美国在多轮气候变化谈判中的表现可以清楚看到，它们很希望中国等发展中大国对全球碳减排做出较大贡献，许多发达国家纷纷采取单边主义贸易措施，对发展中国家的产品进口征收碳关税以实施限制，而这与全球自由贸易规则相冲突。WTO 体制下的非歧视待遇原则对其成员方是否能根据能耗或碳排放的多少对相同产品的进口实施不同待遇还有相当的保留。这种环境问题与贸易体制之间的冲突，于发达国家和发展中国家之间在哥本哈根会议前夕达到剑拔弩张的地步。[①] 如何解决自由贸易规则与碳关税的冲突，寻求二者间的平衡，是国际能源法律、规则体系需解决的紧迫问题。

---

① 朱彤：《全球能源治理的三个新变化》，《财经》2014 年 12 月。

三是可持续发展以及与其密切相关的气候变化和环境问题成为推动国际能源法律、规则发展的强大驱动力，几乎所有国际能源组织的法律文件及各国国家能源立法中都明确了清洁能源发展及能源利用的低碳转型的重要性。全球能源治理协调机构应推动清洁能源开发与合作相关的国际准则、规则框架的建构，《能源宪章条约》则应加强相关的立法工作。

（五）不同能源品种的国际治理制度变革

1. 煤炭与石油

煤炭作为战略性资源的作用相对较小，且煤炭供应安全问题不甚突出，全球能源制度体系的煤炭治理功能较弱。当前全球能源制度的治理功能以石油为主。随着 OPEC 影响力的式微，未来石油领域的全球能源治理制度中 IEA 的中心地位将更加突出。石油数据透明、国际石油市场稳定等将是石油治理的核心内容，石油供应安全也仍将是石油治理的重要内容。发展中石油消费大国的地位进一步提升，主要表现是其与 IEA 在石油领域治理的合作将进一步紧密。另外，石油消费国与生产国对话的加强也是全球石油治理制度的重要发展方向。一方面表现在 IEA 与 OPEC 对话与合作的加深；另一方面表现在，IEA 与其他石油生产大国及 OPEC 与其他石油消费大国对话与合作的加深。总体上，全球能源治理制度在石油领域已较为成熟，其增量将主要表现在天然气、可再生能源领域，以及与此相关的气候治理方面。

2. 天然气

相对于煤炭和石油，天然气是相对清洁的能源，日益受到各国青睐。天然气在能源结构中比重的不断上升，不仅改变了世界能源市场的供需结构，而且也对全球能源治理体系改革提出了新的要求。① 天然气领域的全球治理重点在于天然气市场价格及天然气管道走向等方面。全球天然气市场主要存在两大贸易体系：其一是以俄罗斯为中心，通过管道网向外输出天然气的"陆权"体系，该体系的贸易框架是长期合约框架，结算货币是以美元为主，但在积极追求使用贸易双方本币结算。其二是以中东为主要出口国，以海路连接天然气消费国的"海权"体系，该体系的贸易框架是以现货贸易为主，结算货币是美元，并积极追求扩张天然气期货贸易。② 东亚和欧洲则是天然气的两大消费中心。天然气运输管道走向方面主要体现为国家间的地缘政治博弈，缺乏多边制度体系的治理。

欧亚大陆天然气管道网不断扩大，美国也开始通过海路出口 LNG。天然气贸易量持续增长的同时，贸易网络在全球范围内不断拓宽，统一的全球天然气市场正在形成过程中，天然气全球治理制度体系也将随之进化演变。一方面，天然气价格形成的市场化机制将进一步成熟，以长期合同及与油价挂钩的价格形成机制逐步萎缩，天然气价格

① 薛彦平：《全球能源治理框架与中欧能源关系》，《中欧关系研究报告 2014》，社会科学文献出版社，2014。

② 贾晋京：《天然气：全球大博弈新战场》，《环球财经》2012 年第 3 期。

将更多由全球供需结构而定。美国、俄罗斯及发展中消费大国均在竞争天然气贸易中心并进行天然气金融制度建设，全球天然气市场更可能呈现多中心的治理格局。

另一方面，天然气输出国之间、消费国之间难以形成合力，形成石油领域的 IEA、OPEC 二元治理格局的可能性较小。俄罗斯、伊朗等天然气输出大国有建立天然气 OPEC 的想法，并在其推动下成立了天然气输出国论坛（GECF），但长期停留在论坛阶段，未能进一步机制化。这主要是由于天然气出口国之间存在利益冲突，难以行动一致。俄罗斯是最大的管道天然气出口国。管道天然气出口一般以长期合同为主。卡塔尔等以出口液化天然气为主的成员国希望增加临时合同（现货销售），以获得市场先动优势。[①] 天然气 OPEC 遭到美国、欧盟极力反对，而 GECF 成员国与美国、欧盟关系的密切程度各异，影响了各国进一步建立天然气 OPEC 的态度。从成本和收益考虑，天然气出口国首先考虑的出口对象是各自的周边国家，天然气地域上的分散使得天然气输出国在经济利益上难以统一，且地缘政治利益差异较大，相互协调难度大。[②] 东亚的天然气消费大国因历史、领土争端等矛盾彼此缺乏必要的信任，同样难以形成具有影响力的天然气消费国组织。另外，管道天然气占

① 石东明：《从天然气输出国论坛到天然气欧佩克，为啥一步难于上青天?》，北极星电力网，2016 年 3 月 3 日，http：//news. bjx. com. cn/html/20160303/712663 - 3. shtml。

② 石东明：《液化天然气国际话语权博弈与中国的应对策略》，《中国地质大学学报》（社会科学版）2015 年第 15 卷第 4 期。

天然气贸易比重较大凸显了“能源中转国”的重要性。天然气中转国作为天然气博弈中的重要力量，其与生产国及消费国之间也存在不同利益考量，进一步使得天然气全球治理合力较难形成。因此，天然气全球治理制度体系将呈现多中心及治理权力较为分散的特征。

3. 全球气候治理

目前已有90%的联合国成员国和3000多家国际组织参与到国际气候谈判之中。全球气候治理将成为全球能源治理相关的焦点问题，这不仅是因为气候变化关涉全球经济社会可持续发展，更是因为全球气候治理是世界主要国家影响全球能源转型发展及经济秩序的权力来源。掌握全球气候治理规则制定权，也意味着在国际能源领域的可再生能源议题中发挥引领作用。新型能源的发现、能源资源的排他性占有、能源应用技术的革命性进展等，往往是国家权力提升的重要基础。碳排放空间的全球分配直接影响各国的发展空间，可以说气候变化是全人类发展议程在全球新形势下的调整，各国发展路径的最优选择必须增加环境空间这一约束条件。因此，气候变化治理与国际利益格局的调整和全球治理领导权与话语权的全球再平衡紧密相关。[①] 掌握有利地位的发达国家通过各种举措率先形成国内相对完整的低碳经济体系，再通过各种双边、多边合作机制和手段（如征收碳排放边境调节税、构建碳交易市场机

① 田慧芳：《国际气候治理机制的演变趋势与中国责任》，《经济纵横》2015年第12期。

制等），在能源效率及行业标准等方面推动全球达成共识，并将该体系通过贸易、投资机制和法律制度框架延伸到其他国家。许多发展中大国也在加速发展国内低碳经济，就国际碳减排机制与发达国家展开斗争与合作。

当前全球气候治理格局中，长期发挥主导作用的欧盟与美国的领导力处于下降趋势。欧盟曾长期在全球应对气候变化问题上发挥重要的领导作用。正是在欧盟的推动下，1992 年联合国通过《联合国气候变化框架公约》，并于 1997 年进一步形成可操作的法律文件《京都议定书》。欧盟在国际气候变化谈判中，不仅在议程设定方面发挥了巨大的作用，还致力于达成一项具有约束力的温室气体减排协议，在美国退出《京都议定书》的情况下推动和领导了《京都议定书》的生效过程。此外，欧盟还积极通过外交手段促使其他关键国家批准《京都议定书》。但欧洲民粹主义兴起、内部矛盾突出等问题导致欧盟作为国际行为体的统一行动能力下降。坎昆会议开始前后，欧盟不再以推动新的减排目标为己任，转而进行战略调整，通过承诺保守的减排目标来达成气候目标的相关承诺，主动将一直自我形塑的“领导者”转变成了“搭桥者”，不再寄希望于达成一个综合性的全球减排协议，转而商谈一些实现减排目标的细枝末节问题，如森林碳排放、帮助发展中国家减排、快速启动适应措施的基金等。在德班会议上，欧盟意识到其必须放弃一些优先选项，采取一种更加现实主义和务实的姿态。因此，欧盟放弃其一直奉行的绝对领导权战略，转而将单边折中和建立联盟同时结合起来，并且扮演好搭桥者的角色。[1] 美国特朗普政府强调"美国第一"，提出大力发展化石能源行业，一改美国对全球气候治理的积极态度。特朗普认为，承担全球气候治理责任，在增加美国财政负担的同时，也将影响美国国内化石能源行业的发展，造成国内就业岗位减少，从而影响经济的复苏与增长。因此，美在气候资金的安排上大幅压缩规模，大幅削减对全球气候治理的资金援助。美国将以消极的态度应对与中国签订的气候变化协定，放弃承担相应责任。另外，美已明确宣布退出以各国承诺分摊碳减排责任为主要内容的《巴黎协定》，表明其放弃追求全球气候治理的领导权，这将使全球气候治理赤字问题显著恶化，同时为中国等发展中大国引领全球气候治理进展提供了空间。

同时，当前的全球气候治理正从《京都议定书》建立的"自上而下"的强制减排模式向"自下而上"的约束力较小的方向发展，主要体现在国家自主贡献机制（INDC）上。这充分说明了全球气候治理背后的各类国家及国家集团的多元化利益博弈。这种情况下，参与全球气候治理的主体日趋多元化。以往主要由各国政府驱动，缔约方在联合国框架下的国际谈判进程中制定责任分配以及国际合作的相关方案。随着应对气候变化的经济社会效益得到广泛

---

① Karin Backstrand & Ole Elgstrom（2013），"The EU's Role in Climate Change Negotiations：From the Leader to Mediator，" *Journal of European Public Policy*，26：10，1369－1386，DOI：10.1080/13501763.2013.781781.

认可，同时政府间谈判进展缓慢，不同层面的应对气候变化的国际合作蓬勃发展。许多国际非政府组织、企业、社会团体等非国家行为体以灵活多样的形式，“自下而上”地为实现气候治理目标做出贡献。这既在实践层面推动了技术创新和产业发展，也促成了政府间相关共识的达成。

另外，全球气候治理从聚焦政治共识转向对技术细节和落实承诺的关注。国家自主贡献更新、透明度框架及市场与非市场机制、资金、技术、能力建设等相关安排是今后全球气候治理的重要内容，这需要各方在技术细节方面进行深入细致的磋商以达成共识，同时也需要相应的机制化安排监督和促进相关工作安排的落实。

在此发展趋势下，促进应对气候变化行动的相关治理制度建设将尤为重要。仅依靠当前 UNFCCC 框架下全球气候谈判所形成的共识或协议，以及主要国际能源组织增加对可再生能源议题的关注无法满足治理需求。首先，需前述的全球能源治理协调机构的全面推动，以及加快建立健全促进各国落实全球气候变化谈判协议的监管制度。这关键是需要大国进行协调。一方面，需要大国承担碳减排的主要责任，大国间彼此督促各方的减排解决方案，进而将其他国家引入一揽子协议和协调行动中来；另一方面，大国协调治理进一步成为联合国主导下的应对气候变化政治架构的一种补充机制，将有利于促进框架下相关监管机制的建立与运作。其次，IRENA 等专注于可再生能源议题的国际能源组织的作用需得到各国政府重视，进一步推动其机制化发展，形成更强的政策约束力。最后则需能源低碳、绿色发展相关的国际能源法律、规则体系的完善。

4. 可再生能源

可再生能源治理与全球气候治理密切相关。全球气候治理重要性日益提升的同时，可再生能源有关的国际合作将逐步深入实务层面，可再生能源产品贸易争端、技术转移、融资以及建立完善的全球知识产权保护制度等，均将成为全球能源治理的重要内容。可再生能源产业已经在全球范围内成为重要的经济增长点。推动本国可再生能源产业发展，保持国内可再生能源产业的竞争优势、促进技术进步、抢占新一轮能源革命制高点已经成为各国考虑的重要任务。[①] 可再生能源融资与技术转让成为可再生能源治理的主要内容。从目前绿色气候基金筹资情况看，发达国家承诺2010～2012年提供300亿美元快速启动资金，2020年前每年投入1000亿美元支持发展中国家应对气候变化行动，但兑现力度远远不足。另外，发达国家利用知识产权保护制度等限制向发展中国家转移可再生能源技术。因而，多层次的可再生能源融资及技术转让制度的完善是可再生能源国际制度的重要发展方向。除现有的国际组织中相关治理功能将加强外，许多全球性的、区域的、次区域的相关国际组织及非政府国际组织等也将得以快速发展。以总部位于中国的全球能源互联网发展合作组织为代表的非政府

① 于宏源：《初析全球清洁能源治理的趋势》，《联合国研究》总第三期。

国际组织，致力于全球电网互联，推动能源的清洁替代与电能替代，将能获取更多的政策支持及更大的全球能源治理影响力。

另外，可再生能源领域的全球治理更为民主化，合作成为主流。可再生能源将主要转换成电能在用户终端消费，逐步形成以发电为主的能源供应体系、以电为主的能源消费体系、以电网为主的能源配置体系。一方面，可再生能源时代，对能源资源本身争夺控制的地缘政治博弈减少，国际能源领域的话语权将主要来自对可再生能源开发、储存及运输技术的掌握，以及基于相关技术的可再生能源市场机制的安排。技术具有扩散性，发达国家在掌握可再生能源关键技术的同时，发展中国家也可实现跨越式发展或在特定领域处于领先地位。当前，美欧在先进高效风电、太阳能光伏和热发电、纤维素乙醇燃料和智能电网的核心技术和基础装备制造上处于全球领先水平，日、韩主导先进储能技术，印度建立了具有全球竞争力的风电装备产业，巴西引领了全球生物质液体燃料利用技术的发展，中国在风电、光伏及太阳能热利用设备制造等方面处于全球领先地位。技术的互补有力地促进了各国间的合作。

另一方面，可再生能源时代，各国各洲电网广泛互联的全球能源互联网将成为主要的能源运输载体。随着各国电网的互联，任何一个电网节点的管理都会对互联的其他国家产生较大影响，各国在能源电力利用方面形成较大的相互依赖关系，以能源为手段遏制或制裁别国也将有损本国利益，个别大国在能源领域的主导权将逐步削弱，全球能源治理将趋于更加民主化。且电网主要通过陆上相连，传统的海上能源运输咽喉要道的战略地位将下降，大国军事封锁海上运输通道的传统安全威胁将下降。但同时广泛分布的电网容易成为恐怖组织的攻击目标，能源运输的非传统安全威胁增大，客观上要求增强国际合作以应对针对能源基础设施的恐怖主义等非传统安全威胁。

三　逆全球化与全球能源治理制度变革

近年英国脱欧、特朗普当选、欧洲极右翼政党的得势乃至全球民粹主义的盛行展现了一幅逆全球化的图景。在长达40年的全球化过程中，发达国家已经经历了极为深刻的结构性变化。底层的社会群体面临着失去就业机会、收入不平等诸多问题，新移民和东道国某些社会群体之间的关系则日趋紧张，而民主政治的失序使他们失去了解决问题的正常渠道，从而刺激了民粹主义的崛起。发达国家长期以来对战后由美国主导的自由主义国际秩序的支持，正在被日益增长的孤立主义、贸易保护主义倾向取代，逆全球化现象不断涌现。

但逆全球化并不意味着全球化的终结，经济全球化是生产力发展的客观要求和科技进步的必然结果。从人类历史发展的长远趋势看，随着全球生产力的提升及人类相互交往关系和科技的发展，世界相互依存程度提高是历史大趋势。全球化总体上是向前迈进的，同时全球化又并非一直是一帆风顺的。全球化本身是一把双刃剑，其在全球范围优化资源配置、促进经济增长、传播新技术新文化，但也冲击着传统经济模式、侵蚀着传统文化。各国在全球化进程中获得的利益和面临的风险不同，其对全球化的态度在不同时期亦存在显著差异，也就导致了全球化进程中总是存在利益受损者，这些利益受损者成为反全球化的主要力量。当前的逆全球化现象，本质上是西方发达国家对其在全球化中利益受损而采取应对措施的表现。以美国为首的西方发达国家长期是全球化进程的主导与推动者。二战后，美国推动建立布雷顿森林体系及关贸总协定，以对国际金融、贸易制度的主导推动全球化进程。20 世纪 70 年代布雷顿森林体系崩溃，但该体系下的国际货币基金组织和世界银行以及美国在冷战后推动建立的世界贸易组织，在国际金融、贸易领域仍然扮演着主要管理者和协调人的角色，在推动经济全球化进程中发挥着重要作用。美国通过对国际制度的主导从经济全球化中获益丰厚，美国跨国公司海外盈利远超国内。但近年，以美国为首的西方发达国家认为其日益成为全球化的利益受损者。一方面，资本主义经济危机的周期性爆发削弱了其在世界经济结构中的地位，这是由资本主义生产方式的本质决定的；另一方面，全球产业链、供应链和价值链在全球化进程中不断重新配置，跨国公司按照比较优势在全球投资布局，其中制造业从发达经济转向发展中经济成为主流，新兴经济体也开始向发达经济体投资和进行产业转移，由此出现双向的资金流动。虚拟经济和实体经济在全球范围的重新配置，带来世界范围的利益重构和权力转移。[①] 近年的逆全球化现象一定程度上减缓了全球化的步伐，但并未从根本上扭转全球化发展进程。广大发展中国家，尤其是新兴经济体大国成为全球化的主要推动力。以中国为首的发展中大国正在建构新的经济一体化和全球社会融合的机制，发掘全球经济可持续增长的巨大潜力，为新一轮经济全球化注入动力。在此背景下，国际体系相对更加强调对国家主权的尊重，使全球化呈现“温和”发展的特征。

逆全球化对全球能源治理制度的影响主要表现在，进一步加大发达国家在全球能源治理中的责任赤字，并促使全球能源治理权力分配向发展中大国倾斜。发达国家的逆全球化思潮普遍要求政府在全球治理中推脱责任，减少外部事务的财政负担。尽管这将表现为发达国家在不放松主导权的同时促使发展中国家承担更多全球能源治理责任，但长远来看，发达国家主导权的下降将呈加速趋势，为发展中国家提升在全球能源治理中的地位提供机遇。这在全球气候治理领域表现得尤为明显。逆全球化将削弱欧盟在全球气候变化治理中的地位，并将进一步导致美国无意在全球气候治理中发挥富有建设性的作用。

另外，逆全球化将进一步推动区域能源治理制度的兴起。近年逆全球化现象以贸易保护主义为主要特征，WTO

---

① 黄仁伟：《从全球化、逆全球化到有选择的全球化》，《探索与争鸣》2017 年第 3 期。

多哈回合谈判长期没有取得进展，短期内也看不到取得进展的可能。全球层面的投资贸易自由化制度将受挫折，这同样包括能源领域。在此背景下，区域治理制度的作用将更加凸显。世界上许多重要的经济体，主要是发展中大国均在加快进行新的国际能源贸易法律、规则体系的建设，以期在特定区域建立符合共同利益的投资贸易规则及能源秩序。符合区域内主要发展中大国家利益的区域能源治理制度的兴起，将有力提升发展中大国在全球能源治理中的地位及影响力。

第五章　中国推动全球能源治理格局重塑的战略路径

第一节　中国对外能源战略面临的内外部形势

随着我国全球战略理念的转变，我国由被动接受全球能源治理规则的追随者逐步转变为主动参与治理和塑造规则的影响者，以确保我国能源安全、稳定国际能源市场、防控对外投资风险、引领全球能源转型。国家领导人高度重视全球能源治理，习近平主席在近年 G20 会议及联合国的讲话中，均倡议构建绿色、低碳的全球能源治理格局。国家“十三五”规划明确提出，积极参与国际能源治理及规则制定，推动构建公正合理的全球能源治理机制。提升话语权，走向全球能源治理舞台中央，甚至引领塑造绿色低碳全球能源治理格局是我国对外能源战略的重要内容，面临着复杂情况和大量挑战，其战略思路、实施路径、着力点与我国能源革命大背景下的能源发展趋势、能源对外依存状况、周边地缘政治态势、世界大发展大变革大调整形势密切相关。

一　中国能源生产和消费革命战略

世界各国正在加快推进能源转型，以应对化石能源利用所引发的资源紧张、环境污染、气候变化等难题。在这一世界性趋势下，中国提出能源生产与消费革命的能源发展战略思想，就是要为实现可获得、可承受并与环境相和谐的国家能源安全提供保障，确保可持续发展。第一，推动能源消费革命，抑制不合理能源消费；第二，推动能源供给革命，建立多元供应体系；第三，推动能源技术革命，带动产业升级；第四，推动能源体制革命，打通能源发展快车道；第五，全方位加强国际合作，实现开放条件下能源安全。

在"四个革命、一个合作"能源发展战略框架下，中国制定的《能源生产和消费革命战略（2016～2030）》，对我国2030年前能源革命做出了全面的战略部署，并进一步明确了能源革命目标。2030年，高碳化石能源利用大幅减少，非化石能源占能源消费总量比重达到20%左右，天然气占比达到15%以上，低碳能源联合占比达到35%，新增能源需求主要依靠清洁低碳能源满足。重申我国在《巴黎协定》框架下提出的到2030年单位GDP的二氧化碳排放量比2005年下降60%～65%，2030年左右二氧化碳排放达到峰值并努力早日达到峰值，把应对气候变化的国际承诺目标纳入国内能源革命战略。在能源自给能力目标方面，计划在2020年达到80%，到2030年能源自给达到较高水平。加强能源消费管理，调整产业结构，推进节能和减排，单位GDP能耗达到目前世界平均水平。大力推动能源技术革命，将技术优势转化为经济优势，在能源低碳、绿色转型的国际竞赛中抢占先机。加强全方位国际合作，打造能源命运共同体，积极参与全球能源治理，推动全球能源治理制度体系变革，增强全球能源事务话语权。

着眼于生态文明建设的千年大计，党的十九大报告进一步提出构建清洁低碳、安全高效的能源体系，能源发展将加速从"保量"向"提质"转变。随着经济增速放缓和结构转型，我国能效水平目前虽仍低于世界平均水平，但却是全球下降速度最快的国家之一。2005～2015年，中国单位产值能耗下降到0.466吨标煤/千美元，下降了32%。未来经济发展将更多依靠资源高效利用、技术和制度创新驱动。提升能源系统效率、降低能源成本、促进能源清洁低碳转型将成为未来能源系统发展的重点。国家发改委能源所和国家可再生能源中心①、中国电力规划总院②、国网能源研究院有限公司③有关各方研究报告，对于未来20年

① 国家发改委能源所、国家可再生能源中心：《中国2050高比例可再生能源发展情景暨路径研究》，2015。

② 中国电力规划总院：《中国能源发展报告（2017）》，2017。

③ 国网能源研究院有限公司：《中国能源电力发展展望（2017）》，中国电力出版社，2017。

能源转型程度都做出了更为乐观的研判。石油需求将在2030年前后达峰，峰值接近10亿吨标准煤，并在2025～2040年维持这一水平，占一次能源需求比重维持在17%～18%的水平。天然气需求持续增长，到2030年将占一次能源需求的14.1%，2040年左右达峰。煤炭需求在2020年前后达峰，在一次能源需求中占比达58%，2025年后加速下降，2030年煤炭需求占一次能源需求比重降至37.4%。非化石能源需求持续快速增长，2030年占一次能源需求比重将达23.6%，风光在2030年后逐步在非化石能源中占主导地位，到2050年占一次能源需求总量比例将达到35.8%，成为位居首位的能源。

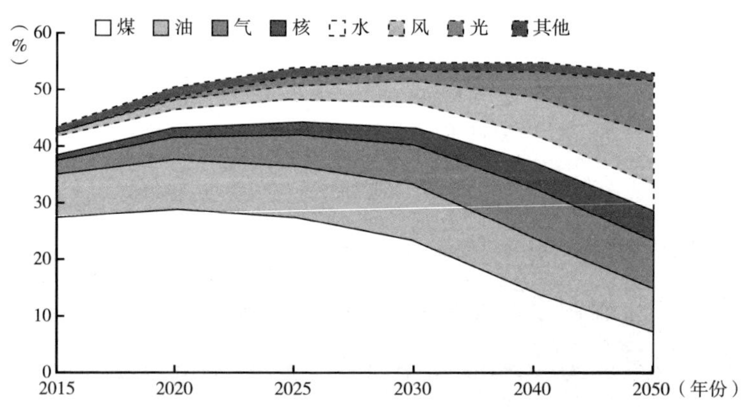

图5－1 中国一次能源需求结构变化情况

二 中国能源对外依存度

经济“新常态”下，中国能源需求增速总体放缓。作为世界上最大的能源生产消费国，2016年一次能源产量达

36.2亿吨标准煤，一次能源消费量达43.6亿吨标准煤，消费量同比增长1.3%，低于过去10年5.3%的平均增长率，占世界一次能源消费量的23.0%。BP研究认为，中国2015～2035年能源需求增长速度将降至平均1.9%，但到2035年中国能源需求仍占世界总需求的25%。[①] 根据国网能源研究院有限公司有关研究预测，一次能源需求2025年后将基本维持稳定，基本维持在55亿吨标准煤左右，实现经济增长和一次能源需求增长脱钩。

尽管中国能源需求增长放缓，但油气对外依存度攀升。2016年，中国能源进口总量约8.9亿吨标准煤，能源对外依存度为18.3%。如图5－2所示，近一段时间中国能源安全总体处于风险可控范围内，但随着用能持续增加，中国将越来越需要国际市场能源。中国于1997年成为净石油进口国，到2015年，中国石油和原油对外依存度首次双破60%。中国于2007年成为净天然气进口国，2015年天然气对外依存度升至32.7%。《BP 2030世界能源展望》预测，2035年中国石油对外依存度将升至75%，天然气对外依存度将超过40%。IEA预测2030年中国石油对外依存度将超过80%。

由于油气对外依存度较高，与能源富足地之间的能源运输通道的建设对中国能源安全供应尤为重要。目前，中国已基本形成了“三陆一海”的能源进口格局，即东北、

① 《BP世界能源展望》（2017版），国家和地区专题，中国专题。

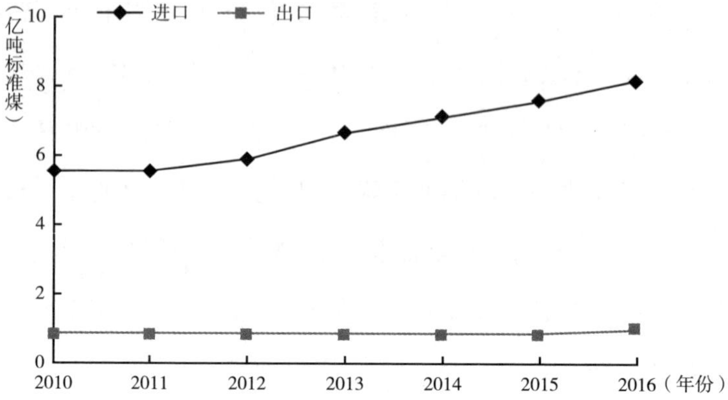

图 5－2　近几年我国能源对外依存度

西北、西南能源进口通道和海上能源进口通道。海上运输通道是我国目前最主要的油气进口通道，运输油气量约占油气进口的 80%。我国从中东非洲进口石油主要的海上运输线路有三条：中东波斯湾—霍尔木兹海峡（或苏伊士运河—亚丁湾）—印度洋—马六甲海峡—中国；西非—好望角—印度洋—马六甲海峡—中国；地中海—直布罗陀海峡—好望角—马六甲海峡—中国。其中，80% 的海运途经马六甲海峡，38% 的海运途经霍尔木兹海峡。对海上咽喉要道的依赖构成我国能源安全的薄弱环节。

在“一带一路”倡议框架下，我国将增强与沿线国家在油气开发与贸易领域的合作、打通陆上油气运输通道、构建多元且稳定的供应格局。其中较为有利的是，中国具备在世界其他地方融资和实施大型工程的能力，在能源基础设施互联互通建设方面优势明显。最大的高铁网络、最长的天然气管道、电压等级最高的特高压电网等中国的

“超级工程”不断涌现，充分表明中国工程建设经验和施工技术已走到世界前列。3.7 万亿美元的外汇储备，已经使中国成为世界重要的资金输出国，同时中国发起成立的亚洲基础设施投资银行、丝路基金，也将进一步增强直接融资支持。2013 年 10 月至 2016 年 6 月，中国国有企业在海外签署建设的重大能源项目近一半在“一带一路”沿线国家，这将有力提升我国与能源富足地之间的能源基础设施互联互通水平。

三　中国绿色低碳发展国际竞争能力

推动构建绿色低碳全球能源治理格局是着眼于未来的重大战略，未来各国话语权与治理权力格局将与各国绿色低碳发展的技术能力、产业能力等密切相关。实际上，世界范围内的竞争态势已经形成，主要大国均致力于发展清洁和可再生能源。欧盟提出到 2020 年和 2050 年，可再生能源占其能源消费的目标比例要分别达到 20% 和 50%；日本计划到 2050 年，可再生能源等替代能源将占其能源供应的 50% 以上；美国也非常重视太阳能、风能和地热能等可再生能源发展，计划在 2025 年将可再生能源比例提高到 25%[①]。

能源治理国际话语权取决于国家能源转型硬实力。过去 30 多年，化石能源发展推动了中国经济增长但也带来

① 赵宏图：《国际能源转型现状与前景》，《现代国际关系》2009 年第 6 期。

巨大资源环境代价，影响了经济社会的可持续发展。2011年之后，中国的碳排放强度已经大幅超过发达国家。为此，中国下大力气进行技术升级和产业结构调整，近十年，中国碳排放强度下降到0.994千克二氧化碳/美元，下降了31%，成为下降幅度最大的国家之一，与德国、日本、美国等发达国家碳排放强度的差距缩小了一倍以上。着眼未来，经测算，以前述的能源转型力度，我国能源利用二氧化碳排放量在2020年后将进入相对稳定平台期，2025年左右可达峰；单位GDP二氧化碳排放持续下降，2030年将比2005年下降70%以上，完全能够实现2016年中国签署的《巴黎协定》中所做出的承诺。历史成效和未来推演表明，中国有能力通过能源革命建成清洁低碳、安全高效的能源体系，在完成国内能源转型的同时，为有力参与甚至主导气候治理、构建绿色低碳全球能源治理格局提供坚实硬实力。

中国在绿色低碳发展方面也已逐步形成领先世界的坚实实力。一是中国已经成为世界上风电和太阳能发电并网规模最大的国家，可再生能源发电技术成本持续下降，2016年中国光伏发电新增装机容量3454万千瓦，首次超过风电，占全球光伏发电新增装机容量的45%。风电发电量2410亿千瓦时，同比增长30.1%，首次超过美国，位列世界第一。过去五年，风电开发利用成本下降约30%，光伏组件价格下降约50%，预计2025年风电和光伏发电比传统化石能源将更具竞争力。二是新能源技术取得新突破，未来技术已全面布局。国家发改委、能源局联合下发《能源技术革命创新行动计划（2016～2030年）》，提出我国“现代电网关键技术”等15个重大技术领域的战略方向、发展路线图、创新目标及行动。三是能源互联网等战略新业产业在蓬勃发展，具备引领世界的潜力。据埃森哲预测，2020年中国能源互联网的总市场规模将超过9400亿美元，约占当年GDP的7%。四是中国能源投资占全球能源投资总额的21%，成为全球最大的能源投资目的地，且投资主要流向低碳电力和能效领域。这有利于推动中美、中欧在清洁低碳领域的双边和多边贸易、投资协定更加公平、开放，从而有效降低中国企业所面临的各种壁垒。

四　中国能源地缘政治环境

中国能源地缘政治环境涉及的地理核心范围与“一带一路”地区高度重合，覆盖了地缘政治学家麦金德所谓的世界心脏地带及美国学者斯派克曼所指的边缘地带。欧亚大陆现有能源输送网络已将中东、中亚、俄罗斯能源生产中心与亚太能源需求中心联系起来。能源“一带一路”将欧亚大陆的权势和地缘意义重新凸显，而中国也可以将能源实力转化为沿线国家所能接受的能源权力[①]。斯皮克曼指出，谁控制了边缘地带，谁就控制了欧

① 许勤华：《中国全球能源战略：从能源实力到能源权力》，《人民论坛·学术前沿》2017年第5期。

亚大陆；谁控制了欧亚大陆，谁就掌握世界命运。可以讲，中国的能源地缘政治面临能源“一带一路”所带来的机遇与挑战。

挑战一方面表现为，中国与亚太邻国在能源需求上为竞争关系。亚太地区油气需求旺盛但石油资源严重不足，对世界油气市场供应量和价格波动极为敏感，中国与印度、日本、韩国等亚太各国对能源产地竞争日益加剧。另一方面，中国能源外交受到大国的遏制，尤其是面临美国以能源为手段对中国进行的战略遏制。美国利用其在国际能源体系中的主导地位，在能源开发上对中国进行围堵。比如，以美国为首的西方国家对中国加强与非洲能源生产国的联系感到忧虑，与中国在该地区展开能源开发竞争，甚至制造事件与政治危机，既增加了中国能源供应的交易成本，也为中国能源企业“走出去”制造了障碍。另外，美国还通过对中国海上能源运输通道的控制威胁中国能源供应安全。美国在马六甲海峡等中国海上能源运输生命线上维持强大军事力量存在，对中国构成潜在的战略压力。日本、印度等国在印度—太平洋地区海上力量的增强以及与美国的战略靠拢则进一步加大了这一战略压力。同时，海盗活动等非传统安全因素也对中国海上能源运输构成了现实威胁。

机遇首先表现为，中国具备发挥亚欧大陆能源合作核心国作用的地缘优势。全球性的能源地缘政治连接，西向包括从俄罗斯到欧洲和从中亚到欧洲的两条石油和天然气运输管线；东向主要是由中亚经中国到东亚和东北亚以及俄罗斯远东地区到中国、朝鲜、韩国、日本的运输管道；南向主要是针对印度次大陆市场的运输；北向主要是从北非横穿地中海到达南欧市场的运输管道。中国是把里海地区丰富的油气资源和亚太巨大市场连接起来的路桥国家，同时中国还是东北亚能源合作的核心国家之一，俄远东地区的能源既可直接出口到中国的东北工业基地，也可通过中国输送到韩国、日本等能源需求大国。[①] 另外，中国在"一带一路"能源合作方面具备发挥核心作用的优势。"一带一路"沿线国家之间存在巨大的能源资源禀赋差异，这种差异不仅体现在传统的油气能源资源的互补方面，还体现在优势产能、新能源技术、能源资金、能源基础设施建设能力、能源设备等方面，而中国在这些方面有着十分强大的实力。此外，中国与中亚—里海地区、中东地区以及俄罗斯等周边能源供应国的政治关系总体上处于向好趋势，经济合作关系也更加密切，中国与多数周边能源供应国签订了双边能源合作协议。而且，多数能源供应国均采取能源出口多元化的对外能源战略，有利于中国能源进口渠道的多元化。中国建立了多个油气国际合作区域，获得了相当规模的权益油气资源，中国能源供应安全得到进一步保障。

从中国的能源地缘政治环境来看，中国的对外能源战

① 林伯强、牟敦果：《高级能源经济学》，清华大学出版社，2014，第298页。

略势必应统筹国内国际两个大局。从中国的能源实力来说，中国已拥有较大的国际能源市场权。为保障中国能源地缘政治环境中的有利条件，同时应对其中的不利因素，中国的对外能源战略应考虑如何通过国际能源合作，将市场权转化为国际政治含义中影响别国的国家权力，增强对全球资源分配乃至制度安排的话语权，从单纯追求能源实力，向既追求能源实力又追求能源权力转变。[①] 而实现这一战略目标的关键在于抓住"一带一路"建设重大机遇，推动能源基础设施互联互通，加大国际产能合作，积极参与全球能源治理。

游离于国际社会能源治理机制之外不符合中国的国家利益，而且正在崛起的中国是推动全球能源治理权力分布与结构调整的重要力量，没有中国的参与，全球能源治理的合法性和有效性显然不足。中国有必要通过能源外交向地区和全球提供国际公共产品以有效提升中国在全球能源治理中的话语权与影响力。中国的国际能源合作目前仍以双边为主，而国际公共产品的提供离不开多边的合作机制。因而，我国需进一步实现从双边能源外交向多边能源外交的重大转变。"一带一路"倡议体现了中国领导人追求"求同存异、和平共处"的愿望，以及对提供全球公共物品、和平、安全及可持续性的承诺，为中国深入开展多边能源合作提供了舞台。

---

① 许勤华：《中国全球能源战略：从能源实力到能源权力》，《人民论坛·学术前沿》2017 年第 5 期。

第二节　总体原则与落脚点

一　中国参与全球能源治理发展历程及存在的问题

全球能源治理长期以西方发达国家为主导，中国参与全球能源治理的发展历程与中国逐步融入以西方为主导的国际秩序的历程基本一致。新中国成立以后的相当长时间内，由于处于与西方资本主义阵营对抗的社会主义阵营，并采取与西方对抗的外交政策，中国一直处于全球能源治理体系之外。20 世纪 70 年代中美建交以及中国改革开放政策的确立，为中国参与全球能源治理提供了宽松的国际环境。20 世纪 80 年代开始，中国逐步融入全球能源治理体系。一般认为，中国参与全球能源治理的第一步是 1983 年成为世界能源理事会（WEC）成员，并建立 WEC 国家委员会。随后的 1984 年，中国加入国际原子能机构。这一阶段的中国与国际能源治理组织机构只是进行初步接触，采取较为谨慎的态度，并无实质性的合作，以熟悉国际规则为主。

20 世纪 90 年代以来，中国的改革开放取得了令人瞩目的成就，中国以越来越自信的心态适应全球化。尤其是随着中国外交策略更加主动，中国对全球能源治理也转向积极主动参与。一个重要标志是 1991 年中国加入亚太经济合作组织能源工作组，随后就国际能源机制，特别是区域性机制开展了更多的工作。1992 年签署了《联合国气候变化框架公约》，1996 年与国际能源署建立合作关系，与世界各国开展了更多的关于区域性机制的合作。中国加入了一些全球和地区性的国际能源合作组织，包括国际能源论坛（IEF）、清洁能源部长会议（CEM）、国际可再生能源机构（IRENA）等，并与国际能源署（IEA）、石油输出国组织（OPEC）等主要的国际能源组织保持着紧密的合作关系。

进入 21 世纪后，中国开始尝试更加主动、深入地为全球能源问题做出切实贡献，由初步参与到逐步提升影响力，甚至提出新的倡议、议题并参与机制变革，发挥更具建设性的作用。一方面，积极参与主要国际能源组织的各项工作。参与国际能源论坛和能源宪章改革；成为 IEA 成员，在技术、数据等方面与各国开展全面合作；向国际能源组织派出常驻和交流工作人员，鼓励中国公民参与相关高级别职位竞选。另一方面，寻求多边机制中能源议题的作用。起草实施 G20 能源合作原则，推动在 G20 框架下构建绿色低碳的全球能源治理格局；创办 APEC 可持续能源中心；与东盟能源中心共同在东亚峰会（EAS）框架下创立清洁能源论坛。

另外，近年中国的非政府部门，包括企业、非政府组织和研究机构等对全球能源治理的影响日渐增强。中国的大型能源企业与许多专业能源机构建立了紧密联系。其中，国家电网公司是 IEA 能源商业理事会成员，是 WEC 和世界商业可持续发展理事会共同创立的全球电力倡议的成员，发起成立了全球能源互联网合作组织；中石油是能源宪章产业咨询委员会成员；神华集团是IEA煤炭产业咨询委员会成员等。

尽管中国已是全球能源治理体系中重要的一员，但总体上，中国的影响力与其世界第二大经济体及最大能源消费国的地位不符。中国目前仍然主要依靠传统的双边和地区合作的方式即地缘政治战略，而非在全球能源治理中的影响力与话语权来确保海外能源供应安全。已有的研究指出中国在全球能源治理中的影响力不足主要表现为：中国参与全球治理经验的缺乏削弱了中国在国际能源政策制定环节的影响力。中国参加全球治理机构合作，交了大量会费，但产生的实际效益较小；在能源价格、应急响应等关键领域缺乏国际话语权；在国际能源投资中遇到不公平待遇；在遇到能源贸易争端时无法熟练运用国际法律手段保护自己；对国际能源市场的积极贡献没有得到应有的承认，如海外油气投资、新能源制造业产品贸易等，反而时常受到怀疑和指责。① 中国的全球能源治理影响力不足主要在于中国尚未成为国际公共产品的主要供应者。国际公共产品主要涉及文化理念、制度及基础设施等方面。中国尚未为国际社会提供被普遍接受的全球能源治理理念，在维护国际能源市场良性运行的规则体系方面贡献较少，促进国际能源合作的多边机制平台的构建也尚处于起步阶段。尽管中国在能源

---

① ERI（Energy Research Institute of China National Development and Reform Commission）and the Grantham Institute for Climate Change of the Imperial College London（2014），*Global Energy Governance Reform and China's Participation*，Consultation Draft Report.

基础设施互联互通方面做出了诸多努力，但在基础设施安全保障方面的公共物品提供不足。

实际上，中国在进一步参与以西方为主导的全球能源治理体系方面已遇到了瓶颈。美欧等发达国家和地区认识到中国作为发展中大国及能源消费大国在全球能源治理中的重要地位，但其与中国在意识形态、对外战略及能源利益等方面存在根本分歧。美欧在希望中国融入全球能源治理体系并承担责任的同时，又阻碍中国与其分享权力。比如，中国已与 IEA 开展了全方面深入的合作，但由于中国非 OECD 成员国以及不满足石油储备要求等，中国在成为 IEA 成员国并进入其决策体系方面仍存较大障碍。

二　中国推动全球能源治理格局重塑的总体原则

（一）发挥推动、引领作用但不扛“大旗”

提升中国在全球能源治理中的影响力与话语权，中国不应仅停留在与全球能源治理制度的互动与合作的层面，更要发挥一定程度的理念、路径引领作用。但中国不应像美国那样成为以同盟体系为基础的霸权式的领导者，而是要成为以新型大国关系以及人类命运共同体为基础的领导者。中国提出的构建以合作共赢为核心的新型国际关系，打造人类命运共同体，成为当代中国对外大战略的理论内核。随着中国综合国力不断增强，“修昔底德陷阱”理论开始盛行。其逻辑是：新兴大国崛起必然国强必霸，必然要挑战原有世界秩序；由此新兴大国是威胁，是战争的根源，所以要维持和平，守成大国必须联合所有国家或者说所有国家应该与守成大国联合，一起遏制新兴大国。显而易见，所谓“修昔底德陷阱”是守成大国的一种舆论工具，是守成大国给新兴大国挖的一个陷阱。[①]“修昔底德陷阱”理论与多年来盛行的“中国威胁论”一脉相承，均是发达国家用以遏制中国崛起的理论武器。针对此，国家主席习近平在美国明确指出，中美应该避免进入“修昔底德陷阱”，中美应构建新型大国关系，强调不冲突、不对抗、相互尊重与合作共赢。即要客观理性看待彼此战略意图，通过对话合作、而非对抗冲突的方式，妥善处理矛盾和分歧；要尊重各自选择的社会制度和发展道路，尊重彼此核心利益和重大关切，求同存异，包容互鉴；要摒弃零和思维，在追求自身利益时兼顾对方利益。在新型大国关系的基础上，中国领导层进一步提出了构建人类命运共同体的倡议，也可以说是提出了全球治理的中国方案，即打造政治、安全、经济、文化、生态“五位一体”的全球共同体。命运共同体强调寻求与合作伙伴的共同利益，在发展合作中每个国家都有自身利益要考虑，双方都应为达到互利共赢的结果去努力寻找利益共同点。在合作机制上绑定各合作方的利益，促进各方在合作中的平等地位，达到合作中的一损俱损、一荣俱荣。在自身领导力下降，全球治理与世界秩序不稳定的情况下，西方发达国家却不愿看到新兴经济体影

---

① 鲍盛钢：《修昔底德陷阱是一种陷阱》，http：//www. aisixiang. com/data/88195. html。

响力的提升。正是在这种国际大背景下，人类命运共同体为改善全球治理及国际秩序提出了以包容及和而不同为主要内涵的中国思想。

需要注意的是，发挥一定程度的领导作用，并非意味着中国要颠覆现存的国际秩序并扛起全球能源治理的“大旗”。中国清醒地认识到，尽管美国实力有所衰落，但在今后很长一段时间里，其仍将是最强大的国家。且塑造国际秩序需要超强国力，而中国国力与这样的国力还有差距。塑造国际秩序也需主要大国支持，而中国目前获得的支持与这样的国际支持同样有较大差距。因此，在相当长的时间里，中国仍不宜扮演塑造未来国际能源秩序的全面领导者角色。中国能做的是在某些特定领域，通过联合其他国家，引领一些现有国际能源秩序的改进或变革。改革开放以来的实践证明，中国是当前国际秩序的受益者，中国从世贸组织、世界银行和国际货币基金组织等多边经济体系中受益良多，因而中国虽然主导成立了亚洲基础设施投资银行，但仍与世界银行等机构展开合作。因此，中国的对外大战略本质上是要在国际关系多极化的背景下寻求国际政治的民主化，改善现存全球治理制度及国际秩序，增强中国及其他发展中国家的话语权与影响力，与西方发达国家分享全球治理权力。

（二）全球层面推动大国协调，区域层面实现主导

从全球能源治理制度的发展看，全球性的能源治理合

作协调机构的建立、区域能源治理制度的发展以及气候治理、清洁能源议题重要性的提升，将是全球能源治理制度体系的重要变革方向。鉴于此，在中国对外大战略的框架下，提升中国全球能源治理影响力的总体原则应该是，在全球层面实现与大国协调，区域层面实现主导。

首先，在全球能源治理变革中推动大国协调。一方面是与其他大国协调合作并将合作固化为机制，推动全球性的能源治理合作协调机构的建立，促进现有国际能源组织间的协调。另一方面是提升发展中大国在主要国际能源组织中的地位与作用。当前主要的全球能源治理组织由发达国家主导，中国等发展中大国基本上被排除在治理权力体系之外。中国应加强与其他发展中大国能源政策的协调，可主要在金砖国家机制框架内协同各发展中大国，在西方发达国家主导的全球能源治理制度体系中集体发声。

其次，在亚洲区域能源治理体系的建设中发挥主导作用。在当前西方主导的全球能源治理体系之外，构建区域的能源治理制度是中国获取全球能源治理领导力的重要手段。泛亚洲区域的国际能源合作主要停留在双边层面，多边区域能源治理制度尚未建立，中国可在“一带一路”能源战略框架下积极推动亚洲区域能源治理制度的发展。

三　中国引领全球能源治理的落脚点

（一）推动构建绿色、低碳的全球能源治理格局

能源绿色低碳发展是全球共识，也是全球能源治理新

兴领域。随着全球气候治理的复杂性日益增强，世界各国及各种社会力量为追求自身利益，必将展开新一轮的博弈与角逐。全球气候治理权力结构由于尚不稳定，成为广大发展中国家突破西方发达国家主导权的重要切入点。全球气候治理权力结构中欧盟领导力下降，美国态度则趋于消极保守。发展中国家的结构性权力和话语权呈上升趋势，但权力意愿存在分化，需要核心国家进行整合。中国的气候外交是塑造绿色低碳全球能源治理格局的重要手段。为此，中国需通过全方位的气候外交在全球气候治理中发挥引领作用。这种引领作用应表现在，成为绿色、低碳发展理念的倡导者，提出切实可行的推动全球绿色、低碳发展的“中国方案”；成为全球气候治理中广大发展中国家利益的维护者，给予脆弱国家资金与技术援助，推动全球气候治理朝着更加公正、合理和有序的方向发展；积极推动国际气候政府间谈判取得实质性进展，进一步发挥方向型、理念型、工具型领导作用。[①] 中国应引领全球性的能源治理合作协调机构助推以联合国气候变化公约框架为核心的全球气候治理不断取得成效。

中国需要积极参与、构建国际能源制度，在积极融入现有的国际能源治理制度并逐步成为规则的制定者的同时，倡议构建区域性多边能源协调制度。同时，应加强大国协调，共同推动现有国际能源组织提升清洁能源议题的重要

① 许琳、陈迎：《全球气候治理与中国的战略选择》，《世界经济与政治》2013年第1期。

性，促进全球能源互联网合作组织、国际可再生能源署等专注于推动绿色、低碳能源发展的国际能源组织的机制化建设，引导全球能源治理内容向清洁能源的生产、运输、交易及消费等领域集中。在不改变联合国气候变化公约谈判主平台基础上，中国可积极利用多边区域谈判和其他的国际活动，配合和补充气候谈判，在区域能源治理制度的构建中加强绿色公共产品的供给，包括绿色金融机制安排及制订与清洁能源相关的市场标准、监管规则等。

（二）实现与“一带一路”倡议充分融合

能源“一带一路”是世界范围内能源领域的互联互通战略，具有重塑全球能源治理格局的战略作用。一是随着互联互通带来资源配置范围的扩大，大国能源争夺冲突将大为减少。二是陆上丝绸之路经济带是能源资源富集地区，欧亚大陆能源互联互通规模和效率将超过海路，而且陆上油气管道、电网往往牵涉到多国利益，地缘政治博弈与航运通道有所不同，不易被大国把控，因此陆权大国的地缘政治地位和发展中国家话语权将逐步提升。三是随着互联互通合作加深，以能源为手段遏制或制裁别国将有损本国利益，国家间共同体意识将逐步提升，有利于全球能源治理民主化。四是虽然当今世界出现排外主义、保护主义等“逆全球化”现象，但本质上大家反对的是过度全球化造成的分配不公而不是全球化本身。能源“一带一路”所构建的充分尊重主权国家权力的温和全球化机制，将有效促进跨国能源贸易投资繁荣。五是能源“一带一路”是中国在机制层面创新提供的国际公共产品，其中鲜明提出的愿意让周边国家“搭车论”，将有力提升中国负责任大国的国家形象和国际话语权、影响力，有效适应国际权力结构发生的深刻变化，满足我国实力增长与海外利益外溢的需要。

从战略意图而言，近期要确保我国能源安全，同时与国内能源革命相协调。中期则要引导调整中东地区、俄罗斯—中亚、亚太地区等地区的能源地缘政治关系，进而塑造全球能源新秩序。远期则要引领世界能源转型，塑造绿色低碳全球能源治理格局。打造能源“一带一路”需要重视如下四点。

一是以“打造能源利益共同体、能源命运共同体”为纽带，以能源基础设施网络、市场体系、区域治理为抓手，通过互联共赢，渐次实现预期战略目标。通过能源、交通、通信网络建设与融合，以实体的互联互通改变沿线城市、国家、地区的功能和地位，为能源命运共同体打造坚强骨骼。建立沿线统一的能源市场及金融市场，形成能源利益共同体的血脉。逐步建立区域治理体系，形成合作平台、争端解决机制，打造神经系统。

二是以提供“一带一路”国际机制类能源安全公共产品为己任，在沿线国家推行开放、包容、绿色、低碳的能源治理中国理念，持续提升负责任大国影响力。立足建立规则、机制、平台，结合我国在能源基础设施建设投资、能源贸易、技术管理等方面所能提供的有效支持，积极提升沿线发展中国家在全球能源价值链中的地位，缩小能源话语权差距，调整能源合作中的不对称、不平衡关系，建立世界能源发展合作新范式。

三是以有效推动国内能源生产与消费革命为基础，构建能源“一带一路”的基点，带动周边、引领沿线能源互联互通建设。作为能源“一带一路”两端之一，国内能源互联网建设、清洁能源发展成效、能源技术进步、能源管理水平提升、能源企业实力增长都是我国引领能源“一带一路”建设的根基。

四是以大国外交助推能源“一带一路”建设。能源本身的政治属性，要求能源互联互通更多是国与国之间的对话，需要建立周边支点国家、次区域最强国、全球性大国的协调机制，减少地缘战略反制。“一带一路”两端的中欧关系、中美关系、中亚地区中俄关系等都需要针对能源的顶层对话协调机制。

第三节　基本策略与保障措施

一　合理布局能源互联互通

能源治理的影响力与话语权首先体现在对能源市场的影响力上，而在形成统一能源市场的过程中，能源互联互通的建设和发展是关键和基础。对于能源“一带一路”互联互通布局，一是应以陆上布局为主，逐步建设多条新的能源转运大通道，改变以往主要依靠马六甲海峡等海上咽喉通道的海路运输格局。二是布局应关注重要支点、重要区域，以点带面，推动构建“一带一路”沿线能源网络。三是要尽量增加网络化，积极与俄罗斯、欧盟、伊朗、土耳其、中亚、印度等国家和地区正在推进的互联互通建设对接，打造一个贯通欧洲、中东、里海、中亚、俄罗斯、亚太的能源网络，实现各国间资源配置优化，提高亚欧大陆的能源安全。而且中东、非洲、里海等“一带一路”沿线地区及一些重要的能源枢纽通道都面临着缺乏投资的问题，中国积极参与能源基础设施投资的空间日趋扩大。近年，我国在能源互联互通方面已取得较大成就。油气管道方面，中亚天然气管道、中俄原油管道、中缅油气管道和中俄天然气管道相继落地。电网方面，中国倡议探讨构建全球能源互联网推动以清洁和绿色能源满足全球电力需求，已得到国际社会广泛认可。

要重点加强与政局相对稳定、安全隐患较少地区的油气合作。首先，中亚和俄罗斯具有能源资源优势，且大量的油气资源还没有得到有效开发，其能源基础设施投资需求较大，且与我国保持着较为稳定的政治合作关系，是深入合作的首选对象。其次，里海地区是仅次于波斯湾、俄罗斯西伯利亚的世界第三大油气产区和能源基地，与我国合作稳定性较高，可将其作为我国的油气合作基地并继续深入拓展。我国国内天然气管道应进一步扩容，加快推进西气东输工程，实现与中亚天然气管道的多线连接。加快推动中俄天然气管道西线工程建设，继续增加来自俄罗斯的天然气供应。里海向南连接中东，向北连接俄罗斯西伯利亚，处于油气市场枢纽地位。未来里海地区油气管网建设可考虑两个方案：一是建设环里海油气管线，然后与中亚管线连接；二是建设里海海底管线，与中亚管线连接。里海油气管网的建设将改变“巴库（阿塞拜疆）—第比利斯（格鲁吉亚）—杰伊汉（土耳其）—俄罗斯—欧盟”的单一输油管道的格局，将伊朗北部和阿塞拜疆的油气与中亚管线连接，构建覆盖中亚、西亚和东亚的能源网络，改善亚欧大陆的能源安全。[①] 再次，推动建设连通伊朗、阿富汗、中国、印度和巴基斯坦五国的油气管线，形成“中国—巴基斯坦—阿富汗—伊朗—印度”的“十”字形油气网络。“十”字形油气网络的建设，将拓展中亚和西亚油气输出的渠道，增加中国和印度的油气供给。在中巴经济走廊建设中，支持拟定中的伊朗—巴基斯坦—印度油气管线建设，并寻求该管线与中国的连通，同时支持推动土库曼斯坦—阿富汗—巴基斯坦—印度的天然气管道工程建设。

要加快推动全球能源互联网建设引导全球电网互联。基于全球清洁能源资源禀赋和各洲经济社会发展需要，需对全球互联电网发展格局进行深入研究，首先布局中国周边国家与地区电网互联，并进一步推动欧非等电网互联建设。在引导全球电网互联的过程中，推动形成清洁能源开

① 中国社会科学院数量经济与技术经济研究所：《“一带一路”战略：互联互通共同发展——能源基础设施建设与亚太区域能源市场一体化》，《国际石油经济》2015 年第 8 期。

发、利用的技术标准、规则体系以及国际电力贸易机制，形成对国际电力市场运行的主导性话语权。

围绕能源电力贫困治理加强合作，提升负责任大国形象。联合国于2016年启动《2030年可持续发展议程》，其包括17大项可持续发展目标，涉及环境保护、经济发展和社会进步等领域的方方面面。消除能源贫困，让数十亿人口可以使用现代电力服务是其中的一项重要内容。中国积极支持该议程的落实，较早发布中国方案，并推动G20杭州峰会各成员国就落实该议程达成共识。为落实该议程，中国应加大在南亚、非洲等电力短缺地区的电力基础设施投资，促进当地的电网互联。另外，中国是最大的发展中国家，南南合作是对外关系的重点。中国积极参与能源电力贫困治理，有利于促进南南合作，提升中国影响力。[①]

二　积极参与、构建国际能源机制

首先，积极融入现有的国际能源治理组织并逐步成为规则的制定者，提升话语权。中国已与26个国际能源治理组织建立合作关系或成为其成员，[②] 积极参与了主要国际能源治理组织的各项工作。现有国际能源治理组织各有战略焦点及核心利益诉求，中国融入各组织也要有不同的侧重点。中国未来深化与IEA的合作是参与全球能源治理的关

① 于宏源：《话语权、能源博弈和国际体系变迁》，《人民论坛·学术前沿》2017年第4期。

② 刘明明、李佳奕：《构建公平合理的国际能源治理体系：中国的视角》，《国际经济合作》2016年第9期。

键举措之一。一是中国应考虑派高级别官员常驻IEA。二是可探索倡议构建IEA+金砖国家能源协调模式，增强新兴经济体在IEA中的整体力量，逐步平衡发达国家与新兴经济体、机制内生产国与消费国的能源诉求，探索能源消费国治理、生产国治理相混合的多边治理机制。三是在合作领域方面，应考虑在能源安全领域加强合作，推动IEA支持中国在全球能源安全中发挥更大作用。在实践中，双方可考虑将中国石油储备系统纳入IEA应急反应系统。四是扩大气候变化、空气污染、可再生能源和数据统计等领域的合作。进一步加强清洁能源技术和能源效率合作。中国已经参与了18个IEA技术合作项目，下一步还可以继续增加，以便在能源技术全球网络中发挥更关键的作用。这也与IEA成为全球清洁能源技术和能源效率中心的愿景相契合。除IEA外，《能源宪章条约》是专门的国际能源投资、贸易法律体系，中国应在其转型过程中进一步参与规则制定，尤其是结合“一带一路”能源合作的现实情况，细化相关能源投资、贸易规则。另外，中国海外能源投资规模日益扩大，且能源进口运输通道逐步增多，《能源宪章条约》的能源投资保护、能源过境运输及能源争端解决等条款对中国海外能源利益保障具有重要意义，需进一步考虑成为该条约组织的正式成员国。

其次是构建区域性多边能源协调机制。比如，面对天然气亚洲溢价，就曾有中国与日本、韩国等国形成亚洲天然气联盟的思路。尽管这一机制最终没能实现，但亚洲各国普遍认识到构建区域及次区域能源治理机制，由亚洲国家主导亚洲能源事务存在共同利益。中国应在其中担当领导者。一方面，应推动形成泛亚洲的能源治理机制。鉴于亚洲国家政治制度、宗教的多样性及经济发展水平的差异性，应考虑构建类似“一带一路”能源俱乐部这样的较为松散的能源组织机制，以协调各国能源政策、发起共同能源行动为主要宗旨。另一方面，在能源互补性强的国家间，可考虑推动构建具有较强约束力的更小区域范围内的能源治理机制，如上合组织机制下的能源治理机制。由于上合组织成员国均在“一带一路”范围内，区域内国家出于彼此的能源互补性与维护地区安全的强烈需求，加强能源合作是必然选择。此外，应适机推动建立以我为主的治理机构。全球能源互联网建设是解决可再生能源发展瓶颈的关键，中国占住了先机，成立了全球能源互联网合作组织，这也有效拓展了我国在全球能源治理体系中发挥主导作用的空间。

再次，寻求多边机制中能源议题的主导作用。中国应进一步加强在 G20 机制下对能源议题的主导作用。G20 是中国首次以创始国和核心国身份参与的全球经济治理机制，能源治理又是该机制经济治理领域中的重点领域，目前是最适合中国开拓国际能源治理空间的突破点。G20 已经在两个重要的全球能源治理方面取得成就。一是在遏制石油价格波动以及提高石油和天然气市场透明度方面，尤其是联合石油数据库（JODI）机制的建立和完善。二是在分阶段取消化石燃料补贴方面。[①] 中国可考虑推动在 G20 框架下对建立绿色低碳能源治理机制达成共识，争取在机制建设上有所突破。同时应在治理内容上有所创新，如能源市场建设、运输通道安全等，努力将 G20 打造成为一个自由、开放、竞争有序、监管有效的全球能源治理平台，形成消费国、生产国平等协商、共同发展的新格局。

最后，加强在金砖国家机制框架下能源合作的引领作用。金砖国家既是发展中大国又是能源消费或供应大国，其在全球能源治理中集体发声可有效提升发展中大国的影响力。中国应引领金砖国家就能源合作进行顶层设计和总体规划，以成立能源工作组等形式推动金砖国家能源议题的机制化建设。在与 IEA 等主要国际能源组织的合作中，促进金砖国家的内部磋商，共同提出倡议和主张。增强金砖机制内的金融一体化，推动能源基础设施建设，扩大在能源贸易中使用人民币结算的规模。共同推动建立全球能源衍生品市场的监督机制，减少大肆投机和价格操纵行为，防止能源期货过度金融化和杠杆化。[②]

三　逐步推动构建能源统一市场和能源金融体系

首先，可推动建设“一带一路”能源统一市场。随着“一带一路”区域内能源基础设施互联通、能源贸易自由化

---

① 何兴强：《中国与 G20 框架下的全球能源治理》，《国际石油经济》2016 年第 9 期。

② 赵庆寺：《金砖国家能源合作的问题与路径》《国际问题研究》2013 年第 5 期。

制度的不断完善，“一带一路”大能源市场可逐步形成。中国可在此过程中积极构建“一带一路”能源市场相关投资、贸易规则体系，布局未来以技术创新为先导的能源产业，提升我国在“一带一路”能源市场上的话语权。同时，适时在我国建立天然气、电力等贸易中心。中国陆上从中亚和俄罗斯进口的天然气、国内产自西部气田的天然气以及海上进口的LNG，其消费中心都在市场容量巨大的环渤海地区，包括以北京、天津为核心的都市圈，辽宁沿海工业地区，山东半岛。如果在这一区域内建设一个天然气交易中心，将大大提高市场效率，为供需双方提供市场选择平台。①

其次，推动在“一带一路”建设过程中构建能源金融体系。在能源定价权方面，亚洲对国际油气价格的影响力较小，中亚、俄罗斯和亚太等国家的能源金融制度尚不完善，在油气贸易本币结算、能源定价上都缺乏话语权。这就需要从能源资源投资、全球能源定价、人民币国际化等角度，建立成熟的能源金融体系。应推动“一带一路”区域内能源期货市场发展，注重能源金融衍生品的设计与发展，加快油气现货、期货贸易的电子交易和实货交易平台建设。利用亚洲地区作为全球能源消费重要区域的地位，参与全球能源价格制定，为建立亚洲地区油气市场定价中

① 中国社会科学院数量经济与技术经济研究所：《“一带一路”战略：互联互通共同发展——能源基础设施建设与亚太区域能源市场一体化》，《国际石油经济》2015 年第 10 期。

心、推出具有影响力的油气基准价格打牢基础。自“一带一路”倡议提出以来，中国作为主导力量已先后发起成立丝路基金、亚洲基础设施投资银行等，结合中国的政策性开发银行、金砖银行等，为亚洲能源金融体系的构建奠定了良好的机制基础。

再次，建立能源—人民币体系，扩大能源贸易、投资等活动的人民币计价、结算规模是构建能源金融体系的核心。中国应鼓励国内能源企业在“一带一路”能源合作框架下，更多参与国际能源金融市场，提高能源交易中人民币结算份额，逐步拓宽人民币国际支付范围，扩大“能源—人民币”国际认可度。[①] 另外，应重点建立天然气人民币与碳人民币体系。随着页岩气革命推进，全球天然气供给逐渐宽松，全球天然气定价与石油挂钩的模式已不能适应现实的需要。[②] 随着这一定价模式的过时，中国完全可以抓住经济和区位优势以及市场契机，建立起亚洲区域性天然气交易中心，并推行以人民币计价和交易的体系。

最后，推动跨国碳交易市场建设。全球碳排放交易总额 2020 年有望达到 3.5 万亿美元。碳将逐步和石油、天然气等一样成为全球的大宗贸易商品，在能源领域的核心地位不断凸显。中国应着手设立碳基金，同时加快开发各类支持低碳经济发展的碳金融衍生工具，进行跨国碳市场机制

---

① 陈新风、赵平利：《中国能源金融发展路径研究》，《经济师》2016 年第 8 期。

② 黄晓勇：《建立天然气人民币体系》，中国新能源网，2017 年 7 月 4 日，http://www.china-nengyuan.com/news/110812.html。

的设计。中国可推动实现与“一带一路”沿线国家的碳交易市场建设，形成以人民币结算的贸易规则，并在全球范围内推广，使中国成为国际碳排放权贸易中心。

四　做强做大跨国能源企业

中国大型能源企业在新的全球能源秩序下所扮演的角色不仅影响到中国自身的能源安全，而且将对全球能源治理产生深刻影响。我国能源企业凭借其强大的资金、技术及全球运营管理实力，可通过技术、资金支持等直接参与国际能源组织的项目合作，从而影响国际能源市场的游戏规则甚至国际能源治理制度的变革方向。

首先，跨国能源企业要从能源投资、贸易、运输通道、设备输出等多个维度积极参与战略大通道沿线能源互联互通建设，要积极参与国际能源市场的规则制定。中国能源企业“走出去”至今已有20多年，国际化经验不断积累，在商业决策的战略选择与实践操作方面日渐成熟。在投资地选择中，中国企业可以在对“一带一路”沿线国家投资基础上，进一步增加在欧美发达地区及非洲等新兴地区的投入，进一步实现多元化配置，从而降低投资过于集中在敏感地区带来的高风险。在美洲逐渐成为新的能源生产中心之后，加拿大、美国、巴西等地都需要资金投资能源基础设施。在品种选择上，由于非常规油气资源、可再生能源等新的能源品种开发仍然处于探索阶段，成熟的商业化运作模式尚未形成，开发的资本需求较大，而这正是中国能源企业的优势之一。妥善利用这一优势，有望使中国企业在非常规油气、可再生能源领域获得领先地位，进而实现自身能源多元化并提升中国能源安全水平。

其次，要探索以企业合作为先导的新型跨国能源合作模式。欧盟及其能源治理机制最初由欧洲煤炭和钢铁共同体发起而成。只有企业间找到利益的契合点，实现利益共享，务实合作才能落到实处。在企业之间应以项目为龙头牵动务实合作，发挥企业在能源合作中的主体作用，促进与中国能源合作密切国家的企业间的交往和互动。根据地区能源分布和需求，统筹规划，合理布局，及时启动双边和多边共建项目，以项目合作为纽带拉动跨国合作的规模化发展，进而促进形成区域性能源治理机制。

再次，要抢占能源技术尤其是可再生能源技术制高点，提升国际标准竞争力。我国大型能源企业可将清洁能源技术工作重点转向创新产业链的前端，即相关技术的基础研究、应用研究和发展。同时以国际技术合作推动能源技术创新，注重与 IEA 等主要国际能源组织的合作，以便我国能源企业在能源技术全球网络中发挥关键作用。另外，在技术创新的基础上中国能源企业需注重标准的“走出去”。可以讲，谁掌握了标准，谁就是规则的制定者，谁就能在国际竞争中掌握话语权。标准竞争获得的产业领先能力可转化为产业持久的比较优势，可有效引领、规范行业发展，增加在国际事务中的谈判筹码，增强国际能源规则制定的主导权。发达国家正是凭借其主导的标准体系，在竞争中处于有利地位。中国的能源企业应进一步加强与国际标准化组织（ISO）、国际电工委员会（IEC）等国际组织的交流合作，与政府、相关研究机构一起深入参与国际标准研制活动，增强我国在国际标准化活动中的话语权和影响力。配合国家“一带一路”倡议，围绕电力、油气等领域的重大能源工程及技术装备“走出去”，充分利用引进创新、集成创新技术形成自主创新技术，研究培育一批急需的国际标准。

另外，随着“一带一路”倡议的全面推进，中国企业的海外利益要面对更大的挑战。2016 年，中企在“一带一路”沿线国家对外承包工程新签合同额达 1260.3 亿美元，占同期我国对外承包工程新签合同额的 51.6%。[①] 企业层面首先应加强人力资源管理国际化，加强企业国际化人才的培养，聘用国际人才，以及推动企业“本土化”进程，整合企业文化。在海外的企业机构，尽量保持企业人员结构本土化，注重文化异质性整合。其次，做好项目所在国国别风险评估与风险防控。与利益相关各国相关部门加强合作，共同对项目所在国进行国别的政治、社会环境风险评估，避免盲目进入高风险国家。随着政治风险保险市场的发展，政治风险高的项目应考虑向国际大型保险公司购买专门的政治风险保单，注重保险的风险保障功能。再次，做好项目的投资框架设计，排斥多方利益参与的

① 陆忠伟：《海外中国巨额资本亟需风险防御“高能预警”》，凤凰网，http://pit.ifeng.com/a/20170502/51035157_0.shtml。

“一股独大”思路不可取。项目由多家利益相关方参与，尤其是大国、强国企业的参与，对防御和化解政治风险是较好的操作途径。中缅油气管道与密松大坝项目在缅甸均遭到了NGO和当地民众反对。前者能抵御风险并顺利开展的一个主要原因是，采取了国际化多方参与的股权结构，由中、缅、韩、印四国的六个投资方出资共建。最后是企业应规范海外投资运营行为，实现与资源国的互利双赢。树立境外投资与全球“和谐发展”的理念，积极承担社会责任、与东道国形成互利共赢的可持续发展关系，进一步维护和提升中国境外投资的声誉和国际影响力。加强对境外投资行为的监管，探索企业境外行为与国内监管的结合制度。

五　不同能源品种的治理影响力提升策略

石油全球治理的权力结构较为稳定，西方发达国家在石油供应安全、国际石油市场稳定等方面居主导地位，OPEC国家影响力下降但仍将发挥重要作用。石油领域全球治理的中国影响力提升关键在于进一步融入现有的全球能源治理制度体系，提升中国在其中的决策话语权，中国“另起炉灶”建立起由自身主导且具有较大影响的治理机制的难度较大。充分发挥中国作为IEA联盟国的身份作用，进一步加强与IEA在石油领域的全方位合作，促进IEA支持中国在全球石油安全中发挥更大作用。加强与OPEC国家的石油对话与合作，推动IEA与石油供应国间的合作，增强中国在石油消费国与供应国合作共同维护国际石油市场稳定中的相关议题设置能力。

天然气领域全球治理存在多权力中心，权力较为分散，发展成类似于石油领域的 IEA、OPEC 主导，权力集中的制度体系的可能性较小，中国提升影响力的空间较大，尤其是中国已成为世界首屈一指的天然气消费大国。中国首先应保障天然气供应安全，为天然气全球治理影响力提升奠定基础。这就需要大力促进管道天然气进口渠道多元化，中国 LNG 进口来源比较多元，但管道天然气进口仍过于集中。应与天然气供应国开展多元化的天然气外交，避免对特定国家过分依赖而受制于人。其次，东亚天然气交易中心正处于形成过程中，日本、新加坡、马来西亚等国均在加快推动本国建立东亚天然气交易中心的步伐。中国应抓住当前国际天然气市场供过于求、进入买方市场的机遇，积极推进天然气交易枢纽建设。中国是东亚建立天然气交易枢纽条件最好的国家。在东亚，只有中国同时大规模生产天然气，又大量进口管道天然气和液化天然气。最后，大范围的天然气消费国国际组织的建立尚缺乏政治基础，中国可促成政治关系较为成熟的天然气消费国与生产国之间的合作机制。上海合作组织成员国包括了多个世界主要的天然气生产国，具有生产国与消费国合作的广泛代表性，可在其框架下推进市场法律或规则层面的合作机制安排，并在其他天然气消费国与生产国合作机制建设方面发挥示范作用。

在气候和可再生能源全球治理方面，首先，中国应在联合国气候变化公约框架下，通过G20、APEC及中美、中欧战略与经济对话等平台，与欧美各国在“共同但有区别”原则下开展资金、技术、能力建设和透明度等方面加强沟通与合作，推动发达国家兑现资金和技术承诺，推动未来国际气候谈判进程以及有效提升中国在国际气候规则方面的参与度与话语权。中国应鼓励和支持非政府国际组织、企业等积极参与全球气候治理。推动中国的全球能源互联网合作组织等非政府组织与同行业的非政府国际组织及国际能源组织的互动，鼓励中国的企业进行自主减排活动，并参与到国际企业间的集体减排活动中，在互动中提高中国气候治理的话语权。其次，要平衡发达国家与发展中国家的利益诉求，加大对不发达国家和小岛国家的资金与技术输出力度，扩大与南半球国家的贸易和投资合作，给予其更多行动上的支持，持续提高南南合作水平。中国已于2015年宣布提供200亿元人民币建立“中国气候合作南南合作基金”，支持其他发展中国家应对气候变化，利用资金、技术和制造优势促进发展中国家可再生能源产业发展。中国在提供可再生能源发展的公共产品的过程中，不仅要发挥政府部门的能动性，还要调动企业等非政府主体的积极性，为可再生能源项目的海外拓展提供更多融资渠道。中国还应重视通过既有的机制平台来增强自身的外交资源协调能力，同可再生能源与节能合作伙伴、21世纪可再生能源政策网、国际可再生能源署等全球政策网络和国际组织加强互动，打造地区乃至全球性可再生能源伙伴关系网络。[①]

六　保障措施

如何保障上述提升全球能源治理影响力措施的顺利实施以及维护其成果，是一个不可忽视的问题。我国海上能源运输通道面临较大安全挑战，在太平洋、印度洋能源运输咽喉要道的安全保障能力还十分有限。陆上油气管道及电网设施不断增多，也容易成为恐怖主义及地区冲突中被破坏的目标。此外，许多“一带一路”沿线国家局势动荡，恐怖主义、极端思想猖獗。对此，既需要军事安全手段，也需要经济金融及软实力等手段加以保障。

一是积极倡导构建以新型安全观为指导理念的地区安全合作机制。新型安全观即共同安全、综合安全、合作安全与可持续安全。这与美国主导的以同盟体系为基础的安全理念截然不同。同盟体系强调与同盟外的第三者的对抗，新型安全观则是要尊重和保障每一个国家的安全，安全是普遍的、平等的、包容的，要统筹维护传统领域和非传统领域安全，要通过对话合作促进各国和本地区安全。尽管当前亚洲尤其是东亚地区的安全体制是以美国为中心的同盟体系为主导，但随着中方在地区安全事务上承担起提供更多优质的制度、机制等公共产品

① 李昕蕾：《“一带一路”框架下中国的清洁能源外交——契机、挑战与战略性能力建设》，《国际展望》2017 年第 3 期。

的国际责任，那么亚洲各国所倚重的安全保障主体从美国逐渐转向兼顾中国则具可能性。倡导地区合作安全机制并非与美国主导的同盟体系的对抗，而是进行阶段性地取代，最终形成以构建安全共同体为根本目的的地区安全与合作机制。在此之前，则以兼容并包的方针允许既有机制持续存在并使其作为域内安全与合作的过渡性机制发挥作用。另外，要整合东盟地区论坛（ARF）、上合组织等次地域安全与合作机制，使它们成为该机制网络中应对各自具体问题的分支系统。

二是在构建地区安全合作机制的同时，注重加强军事能力维护能源运输通道安全，尤其是海上运输通道安全。印度洋是我国能源运输海上生命线。中国难以在军事上绝对维护该地区的能源运输通道，但应在瓜达尔港等地多点布局，建设海军后勤补给基地，增强海军远洋行动的后勤支撑，提升海上拒止能力，增加美印等国军事封锁海上运输通道的成本。

三是稳步推进人民币国际化，保障以中国为中心的地区能源金融体系的建立与运行。应以上海自贸区试点的成功经验为基础，不断扩展国内及地区的自贸区试点，逐步扩大地区能源贸易人民币结算的份额，并适时开放资本市场。应不断优化跨境人民币政策框架，围绕“一带一路”和国际产能合作等国家重大战略，推动跨境人民币投融资业务持续发展。

四是完善能源战略储备制度，提高中国能源市场抗风险能力。企业是市场主体，应注重提升企业对抗能源市场风险的能力。改革单一的央企储备制度，放松能源进口管制，鼓励地方国有企业特别是民营企业参与能源储备。

五是应完善我国和资源国风险防范和应急处理的工作机制，适时发布境外安全风险预警和提示。充分发挥行业协会、智库、专业咨询机构等机构在风险评估、预测和防控中的作用，建立关于全球各地的风险评估机制，尤其要加强对重点地区和国家的信息搜集、监测和研判。[1]

① 王金照：《“一带一路”能源合作的思路和政策》，《国家治理》2016 年第 26 期。

主要参考文献

1. 肯尼斯·华尔兹：《国际政治理论》，上海人民出版社，2008。
2. 詹姆斯·罗西瑙：《没有政府的治理：世界政治中的秩序与变革》，江西人民出版社，2001。
3. 陶坚、林宏宇：《中国崛起与全球治理》，世界知识出版社，2014。
4. 伊曼纽尔·沃勒斯坦：《变化中的世界体系：论后美国时期的地缘政治与地缘文化》，中央编译出版社，2016。
5. 罗伯特·基欧汉、约瑟夫·奈：《权力与相互依赖》，北京大学出版社，2002。
6. 罗伯特·基欧汉：《霸权之后世界政治经济中的合作与纷争》，上海人民出版社，2006。
7. 曼瑟尔·奥尔森：《集体行动的逻辑》，上海人民出版社，1995。
8. 薄燕：《全球气候变化治理中的中美欧三边关系》，上海人民出版社，2012。
9. 王铮、胡敏、王宇：《新地缘政治经济结构进化与治理》，科学出版社，2017。

10. 丹尼尔·耶金：《能源重塑世界》，石油工业出版社，2012。
11. 邓肯·克拉克：《石油帝国——一步石油争夺战的史诗》，石油工业出版社，2012。
12. 日兹宁：《国际能源政治与外交》，华东师范大学出版社，2005。
13. 葛勃尔·施丹戈特：《对权力和资源再分配与再争夺的世界大战》，国际文化出版公司，2007。
14. 克恩·亚历山大、拉胡尔·都莫、约翰·伊特威尔：《金融体系的全球治理：系统性风险的国际监管》，赵彦志译，东北财经大学出版社，2010。
15. 罗伯特·布莱斯：《能源独立之路》，清华大学出版社，2010。
16. 卡罗A达哈尔：《国际能源市场：价格、政策与利润》，石油工业出版社，2009。
17. 国际能源署：《中国参与全球能源治理之路》，2016。
18. 薛平：《资源论》，地质出版社，2005。
19. 余建华：《世界能源政治与中国国际能源合作》，长春出版社，2011。
20. 董秀成：《中国能源战略与政策》，高等教育出版社，2015。
21. 李平、刘强：《“一带一路”战略：互联互通 共同发展——能源基础设施建设与亚太区域能源市场一体化》，中国社会科学出版社，2015。

22. 熊炜：《国际公共产品合作与外交谈判利益、制度和进程》，世界知识出版社，2014。
23. 席艳乐：《国际公共产品视角下的国际经济组织运作》，西南财经大学出版社，2012。
24. 李东燕等：《全球治理——行为体、机制与议题》，当代中国出版社，2015。
25. 基辛格：《论中国》，胡利平等译，中信出版社，2015。
26. 基辛格：《世界秩序》，胡利平等译，中信出版社，2015。
27. 金立群、林毅夫等：《“一带一路”引领中国——国家顶层战略设计与行动布局》，中国文史出版社，2015。
28. 帕拉格·康纳：《超级版图——全球供应链、超级城市与新商业文明的崛起》，催传刚、周大昕译，中信出版社，2016。
29. 斯科特 L. 蒙哥马利：《全球能源大趋势》，宋阳、姜文波译，机械工业出版社，2012。
30. 朱彤、王蕾：《国家能源转型——德、美实践与中国选择》，浙江大学出版社，2016。
31. 王海运：《国际能源关系与中国能源外交》，上海大学出版社，2015。
32. 陈小沁：《能源战争——国际能源合作与博弈》，新世界出版社，2015。
33. 张建新：《能源与当代国际关系》，上海人民出版社，2017。

34. 赵宏图：《新能源观：从“战场”到“市场”的国际能源政治》，中信集团出版社，2016。

35. 赫尔曼·希尔：《能源变革：最终的挑战》，人民邮电出版社，2013。

36. 陈新华：《能源改变命运——中国应对挑战之路》，新华出版社，2008。

37. 韩立华：《能源博弈大战》，新世界出版社，2008。

38. 阎林：《后半桶石油——全球经济战略重组》，化学工业出版社，2007。

39. 林伯强：《中国能源问题与能源政策选择》，煤炭工业出版社，2007。

40. 国家发展和改革委员会能源研究所课题组，《中国2050年低碳发展之路——能源需求暨碳排放情境分析》，科学出版社，2010。

41. 罗伯特·海纳夫三世：《能源大转型：气体能源的崛起于下一波经济大发展》，中信出版社，2013。

42. 尼克拉·艾莫里、文思卓（巴尔扎尼：《可持续世界的能源——从石油时代到太阳能将来》，化学工业出版社，2014。

43. 维托·斯泰格利埃诺：《美国能源政策：历史、过程与博弈》，石油工业出版社，2008。

44. 中国工程院：《中国能源中长期（2030、2050）发展战略研究（综合卷）》，科学出版社，2011。

45. 中国能源研究会：《中国能源发展报告2017》，浙江人民出版社，2017。

46. 杜群：《能源政策与法律——国别和制度比较》，武汉大学出版社，2014。

47. 任皓：《新能源危机中的大国对策》，石油工业出版社，2014。

48. 杜祥琬：《中国能源战略研究》，科学出版社，2016。

49. 郭业洲主编《“一带一路”跨境通道建设研究报告(2016)》，社会科学文献出版社，2016。

50. Thijs Van de Graaf, *The Politics and Institutions of Global Energy Governance*, Palgrave Macmillan UK, 2013.

51. Goldthau Andreas, Witte Jan Martin (eds.), *Global Energy Governance: The New Rules of the Game*, Brookings Institution Press, Washington, D. C. 2010.

52. *World Economic Outlook: Legacies, Clouds, Uncertainties*, International Monetary Fund, 2014.

53. Jon Pierre, ed. , *Debating Governance: Authority, Steering, and Democracy*, Oxford University Press, 2000.

54. Jorgensen, H. (2014), *The G20 and Energy Governance: Finding the GoldenThread*, Lowry Institute for International Policy, Australia.

55. Governing Global Oil: Trends, Challenges and Policy Implications for the Transatlantic Alliance, Global PublicPolicy Institute, Germany, 2009.

56. Colin I. Bradford, *World Energy Needs Climate Change and*

Governance, The Brookings Institution and the Centre for International Governance Innovation, 2007.

57. Sebastian Oberthur and Thomas Gehring, eds. , *Institutional Interaction in Global Environmental Governance: Synergy and Conflict among International and EU Policies*, MIT Press, 2006.

58. REN21 Secretariat, *Renewables Global Status Report*, 2016.

59. IEA, *World Energy Outlook* 2016, Executive Summary, 2016.

60. Phillip F. Schewe, *The Grid: A Journey though the Heart of Our Electrified World*, Joseph Henry Press, 2007.

61. Vaclav Smil, *Energy Transitions: History, Requirement, Prospects?*, Praeger Publishers, 2010.

62. Smith Craig B. , *Energy Management Principles: Applications, Benefits, Savings*, Pergamon Press, 2015.

63. Hodgson Peter E. , *Energy, the Environment and Climate Change*, Imperial College Press, 2010.

64. Schaub Georg and T. Turek, *Energy Flows, Material Cycles and Global Development*, Springer Berlin Heidelberg, 2013.

65. Nicola Armaroli and Vincenzo Balzani, *Energy for a Sustainable World*, Wiley-VCH, 2010.

66. Farah Hosh, *Energy Security and Sustainable Development*, LAP LAMBERT Academic Publishing, 2011.

67. Järvelä Marja and Juhola S. , *Energy, Policy, and the Environment: Modeling Sustainable Development for the North*, Springer, 2011.

68. Daniel Moran, *Energy Security and Global Politics*, Routledge, 2008.

69. John H. Perkins, *Changing Energy: The Transition to a Sustainable Future*, University of California Press, 2017.

70. Vaclav Smil, *Energy Transitions: Global and National Perspectives*, Praeger Publishers, 2010.

后 记

中国学术界正以中国文化、哲学为基础就中国特色国际关系理论的构建进行努力。本书从世界能源格局、能源地缘政治、国际能源制度角度，尝试构建全球能源治理格局的理论认识框架，开展格局发展趋势研判和中国策略研究，以期为中国特色国际关系、能源政治理论的研究发展贡献一分力量。本书是著者探究全球能源治理问题的初步及基础性成果，对相关问题的研究今后将继续深入下去。

其一，继续研究全球能源治理理论体系，着重探讨当下世界能源绿色、低碳转型进程中全球能源治理发展的驱动因素，就转型期不同能源品种主导下的全球治理格局进行比较研究，并特别关注气候治理进程、能源“一带一路”对全球能源治理的重塑作用。其二，继续开展针对世界各国能源发展战略尤其是对外能源战略的研究，分析大发展大变革大调整时期各国能源发展战略调整的方向，研判其对全球能源治理的影响。其三，进一步深入全球能源治理制度体系研究，分析具体的国际能源法律和规则，研判能源“一带一路”影响，为提升我国的全球能源治理影响力提供更具操作性的政策建议。

国网能源研究院全球能源互联网研究中心徐晓阳博士、汤芳博士为本书提供了有益观点，华北电力大学硕士研究生孙静怡很好地协助了本书的写作，在此致敬并感谢！

本书在写作过程中还得到了上海国际问题研究院于宏源研究员、中国人民大学国际能源战略研究中心许勤华教授、中国现代国际关系研究院世界经济研究所赵宏图研究员的指导，在此表示衷心感谢！

尽管笔者对书稿进行了反复研究推敲，但受水平所限，难免存在疏漏与不足之处，恳请读者谅解并批评指正！

著　者

图书在版编目(CIP)数据

全球能源治理：理论、趋势与中国路径 / 鲁刚，毛吉康著. -- 北京：社会科学文献出版社，2018.10
ISBN 978-7-5201-2039-5

Ⅰ.①全… Ⅱ.①鲁… ②毛… Ⅲ.①能源经济-研究-世界 Ⅳ.①F416.2

中国版本图书馆 CIP 数据核字(2018)第 325581 号

全球能源治理：理论、趋势与中国路径

著　　者 / 鲁　刚　毛吉康

出 版 人 / 谢寿光
项目统筹 / 任文武
责任编辑 / 张丽丽

出　　版 / 社会科学文献出版社 · 区域发展出版中心（010）59367143
地址：北京市北三环中路甲 29 号院华龙大厦　邮编：100029
网址：www.ssap.com.cn
发　　行 / 市场营销中心（010）59367081　59367018
印　　装 / 天津千鹤文化传播有限公司

规　　格 / 开　本：787mm × 1092mm　1/16
印　张：16　字　数：161 千字
版　　次 / 2018 年 10 月第 1 版　2018 年 10 月第 1 次印刷
书　　号 / ISBN 978-7-5201-2039-5
定　　价 / 68.00 元

本书如有印装质量问题，请与读者服务中心（010-59367028）联系

版权所有 翻印必究